司佳学术暨纪念文集

复旦大学历史学系　主编

復旦大學出版社

司佳（1978—2020）

司佳与导师周振鹤教授合影

司佳与导师梅维恒教授合影

司佳参加国际学术会议留影

司佳与普林斯顿大学东亚系教授韩书瑞(Susan Naquin)合影

司佳与周振鹤教授合影

司佳与复旦大学中国历史地理研究所师生外出考察留影

司佳参与硕士研究生答辩留影

司佳参与硕士研究生答辩留影

司佳参加硕士研究生答辩留影

司佳在国外留影

司佳照

司佳与学生孙晴依合影

司佳与学生沈园园合影

谱写生命光辉的终曲(代序)

黄　洋*

2020年10月11日,病魔残忍地夺去了司佳年轻的生命,我们失去了一位优秀的教师,一位出色的学者。一年多来,我们的伤痛难以愈合,乃集结这些文字,有司佳本人的,也有同事、朋友和学生的,以表达我们的怀念与追思。

我本人真正开始了解司佳,是在2015年承担系行政职责之后。当时系里已经办起一个面向外国留学生的英文硕士培养项目(EMA)"中国历史与文化",我们觉得应该进一步提升这个项目,以扩大复旦历史学的影响力,于是我提议请具有深厚海外教育背景的司佳负责这一项目。她愉快地接受了这一任务。从2015开始,她就一直负责这个项目的运转。我们先是修订了项目的培养方案,完善了课程安排。项目虽然规模不大,但环节很多,包括招生宣传、和申请学生的联系与答疑、录取审核、学生奖学金申请、入境报到、每学期的课程安排、培养辅导、导师安排、学位论文审核等,她一人承担了所有这些工作。尤其是每学期的课程安排是件令人头痛的事。虽然我们完善了课程安排,但能够且愿意用英文授课的教师仍然十分短缺。司佳不得不充分调动她的沟通技巧,挨个儿说服能够上课的教师,并且跨出历史学系,去请文史研究院的多位老师承担课程教学。这个项目很快有了起色,招到的留学生虽然不多,但生源质量很高,主要来自欧美,包括牛津大学等名校本科毕业学生。每个学期,她都要组织一次项目学生的午餐会,邀请相关老师和留学生一起交流,我照例每次都参加。在这些交流中我发现,她对每个留学生的情况都非常了解,说明她是花了心血在做这项工作。

大约是在2018年春夏时节,司佳跟我说她经常感到心慌。我关切地问她是什么原因,她说不清楚,也还没有查出原因。我提醒她说,还是需要查清楚原因是什么。即便如此,我

---

* 黄洋,复旦大学历史学系教授。

们当时的交谈还比较轻松，谁也没有往太坏的方面想。2019 年 5 月 31 日，为庆祝当年的 EMA 学生顺利通过答辩，她组织了庆祝晚宴。没想到两天之后的 6 月 2 日夜里，她的病情忽然加重，这时医生才查出是心脏问题。但她并没有放下工作，隔了不到两日，又和我讨论了秋季学期的 EMA 课程安排，还安排自己上“中国近现代史”一课。6 月 20 日，她告诉我确诊为间皮瘤，但言语平静，没有流露出不安。我之前从未听说过这种病，完全不知道有多凶险，只是十分关切她的病情，并没有特别紧张起来。这期间她仍然坚持回复将要入学的学生的邮件，解答各种问题。到 9 月开学，她已开始术后化疗，这才向系里提出另请人接替她的工作。9 月 18 日，她来系里，送了本她刚刚翻译出版的汤因比的《中国纪行：从旧世界到新世界》给我。聊起她的病情，她很平淡地说：“我觉得死也没什么。”我虽然知道她得的病凶险，但总抱着一些希望，希望她的病情至少是可以控制的。后来我在网上查阅有关间皮瘤的资料，才意识到这是一种少见的癌症，难以发现和确诊，到能确诊的时候，实际上就已经到了晚期。这时我才醒悟过来，其实司佳应该早就知道，她得的这个病是不治之症。一旦我醒悟到这样的情况，司佳的这句话就深深地印在了我脑海里。这是唯一一次她向我流露出的不乐观。我不知道她当时心里的想法，但能如此坦然而平静地面对生死，恐非我等人人能及。

接下来的日子，司佳在克服化疗痛楚的同时，仍然一直关心学生的培养和系里的工作。到 11 月，她又为两名留学生开题报告的事操心。其中一位加纳留学生 Georgina 是她指导的，在她手术和化疗期间，我临时代替指导了一阵，但毕竟专业不对口，无法给予精细指导，司佳又接了过去。2020 年 6 月 8 日，这名学生的学位论文答辩，司佳抱病参加了答辩会，这时距她生命的尽头仅有四个月零三天。

我不想说司佳是一个全然超脱的人，她和我们绝大多数高校教师一样，在学术的理想和生活的现实之间挣扎。她也纠结于职称晋升、是否受到公平对待等问题。但在我和她的交往中，我感受到，她是一个坦诚的人，一个我可以和她直截了当沟通，而依然可以信任她、不担心失去她信任的人。凡是这样的人，我都心怀一份感激。她对工作兢兢业业，恪守规范，在复旦历史系工作的十三年里，在人才培养和科研领域都做出了出色的成绩。但真正令我惊讶和钦佩的是，在遭受人生最大的厄运、走向生命的尽头时，她显得如此坚强、淡定和从容。她用最后的生命，谱写了我不会忘却的光辉的乐章。

2021 年 10 月 15 日

司 佳 生 平

中共党员、复旦大学历史学系教授司佳女士，因病医治无效，于2020年10月11日16时46分在上海长海医院逝世，享年42岁。

司佳教授1978年6月8日生于上海，1996年7月毕业于华东师范大学第二附属中学。在华师大二附中就学期间，作为上海唯一的中学生代表出席全国学联第二十二届代表大会，并以优异成绩被复旦大学第一届文科基地班录取。1996年6月加入中国共产党。1999年6月本科毕业后就读于复旦大学中国历史地理研究所，2001年6月获历史学硕士学位。2001年获全额奖学金赴美国宾夕法尼亚大学东亚系留学，2006年8月获博士学位。2006—2007年任宾夕法尼亚大学东亚系讲师，兼任圣约瑟夫大学历史系助理教授。2007年8月起任复旦大学历史学系副教授，2016年11月晋升教授，博士生导师。

司佳教授热爱祖国，热爱学生，热爱教学科研工作，热爱她为之奉献了无数心血的复旦大学。她的专业和研究专长是中国近现代史、中西文化交流史、上海近代城市社会史、出版史等。她在复旦大学历史学系工作的13年里，一直努力工作在教学科研第一线，爱岗敬业，勤勤恳恳，任劳任怨，默默奉献，全身心投入教育事业。先后开设"西方中国学研究文献讲读""近代史研究专题讲座""专业英语"及全英文授课的"西方人在中国：1500—1900"等课程，注重在授课内容中强调中英文原始资料的解读与运用，训练学生问题意识，引导学生由知识接受转向对研究问题的思考和探索。她教学认真负责，课堂教学效果良好，深受学生好评。2014年司佳教授主讲的全英文课程"中国历史：改良到革命"被评为上海市高校外国留学生英语授课示范性课程。从2015年起，她负责历史学系英文硕士项目"中国历史与文化"，在外国留学生招生、培养、课程安排、论文指导等方面倾注了大量心血，直至病发之后，还坚持完成了2020年7月毕业的一位留学生的论文指导工作。

在学术研究方面，司佳教授近年来致力于艰苦扎实的传教士英语手稿识读与整理工作，并取得了初步成果，常常为点滴学术发现而欣喜。她承担了"早期新教传教士中文作品与手稿研究”“欧美视阈中的晚清上海社会文化”“旅行与影像：早期来华新教传教士的异域文化体验”等国家社科基金及各类省部级科研项目，出版了《英语在中国的传播：使用者、历史文本及语言景观》《近代中英语言接触与文化交涉》等学术专著，编著翻译了《近代东亚国际视阈下的基督教教育与文化认同》《中国纪行：从旧世界到新世界》等著作。2009 年在国外出版的英文著作《英语在中国的传播：使用者、历史文本及语言景观》，探讨英语的引入和流传对中国近代社会文化的影响，结合物质文化史与新文化史研究的路径与方法，在中国近代语言的社会文化史研究方面作出了开拓性贡献。2016 年上海三联书店出版的《近代中英语言接触与文化交涉》，大量使用第一手外语档案和史料，结合运用《清代筹办夷务始末》等中文档案、报刊资料，以全球化理论及后殖民理论为观照，提出中国本位见解，是一部极具创新性的研究成果。

司佳教授还在《东亚历史与文化评论》《宗教与科学》《近代史研究》《世界宗教研究》《中国历史地理论丛》《学术研究》《史林》《复旦学报》等国内外学术刊物发表论文数十篇。其中《十九世纪上海的通商口岸英语：使用者、声音与形象》一文，发表于美国东亚研究领域权威刊物《东亚历史与文化评论》，探讨外来语言文化在中国近代通商口岸社会变迁过程中所起的作用，在国内外学术界产生重要影响。《早期来华新教传教士的中文作品与翻译策略》一文，探讨传教士在华布道策略，视角新颖。《晁德莅与清代圣谕广训的拉丁文译本》一文，探讨传教士学习中国文化的拉丁语教程，为天主教与新教传教之争的相关研究提供东亚视角。近年来，司佳在《近代史研究》和《世界宗教研究》刊发了两篇关于梁发《日记言行》的研究，在梁发日记整理与研究方面有着新的开拓性贡献。她的研究成果史料扎实，视野开阔，理论严谨，研究领域涉及历史学、语言学、社会学、宗教学，通过跨学科研究，取得了开拓性进展。此外，司佳教授在上海史、外来语言文化、中国近代通商口岸社会变迁等领域，也取得了许多具有创新性的研究成果。

司佳教授为人正直，待人真诚善良，时时刻刻替他人着想，凡事以身作则，深得学生们的爱戴和同仁们的好评。她生活简单朴素，优雅且知性，家庭和睦。她对工作一丝不苟，治学严谨，是值得我们学习的好榜样。司佳教授的去世，使我们失去了一位令人尊重和爱戴的好党员、好老师、好同志，她为我们留下的宝贵精神财富将永远铭记在我们的心中。

目　录

学术文选

同行书评

散文随笔

司佳学术成果

纪念文章

怀 念 司 佳

梅维恒*

I was stunned and deeply saddened when I heard the news that Si Jia had passed away on October 11, 2020. Her death was completely unexpected. She was so young, only 42, and the last few times I saw her in recent years, she seemed happy and healthy. Si Jia was a tenured professor at Fudan University in Shanghai, a position to which few can aspire. She was at the peak of her young career, so the news of her passing struck me as a bolt of lightning. It is especially heartbreaking that she leaves behind an eight-year-old daughter whom she dearly cherished and her husband, a distinguished classicist, who was the love of her life.

The cause of Si Jia's death was pericardial mesothelioma, a very rare form of cancer that affects the lining of the heart. She became aware of her disease on the morning of June 3rd, 2019, when she was hospilized and underwent surgery for it. By mid-July, it seemed that she had recovered, but the relapse came suddenly and took her away from her friends and family.

Si Jia came to Penn in the fall of 2001. I'll never forget the evening when Wang Jiajia, who had arrived at Penn in 2000, the year before Si Jia, brought her to my office. They knocked on my office door. When I opened it, they marched in and announced, with broadly beaming smiles on their faces, "Hi, I'm Jia! And I'm Jiajia! We're Jia Jiajia!"

There are many other indelible moments that I recall from the years when Si Jia was at Penn. One in particular was when she participated in a high-level Buddhist text reading

* 梅维恒,美国宾夕法尼亚大学教授。

class. Surrounding a long table, there were about twenty-five graduate students, visiting professors, auditors, and other serious attendees who participated in the three-hour seminar once a week. Si Jia sat to my left near the head of the table. She often nibbled on snacks, but I didn't mind because I was actually concerned that she needed to put on some weight. With her eyes wide open, she was always alert and attentive, but when I called on her to recite or respond to a question, her face would flush red and she would break out into a sweat. Sensing that she was far too tense for her own good, I had a chat with her one day and said, "Si Jia, you need to calm down. Why don't you try to take some yoga classes?"

Several weeks later, I noticed that she looked much more relaxed, so I asked her how she did it. She replied, "Professor Mair, I followed your advice and signed up for yoga classes." "Great!" I exclaimed. "What kind of yoga are you doing?" "Hot yoga!" she said merrily. "I'm cool now." We had a good laugh over that.

Si Jia graduated from Penn with a PhD on August 4, 2006. The title of her dissertation is "The Circulation of English in China, 1840-1940: Historical Texts, Personal Activities, and a New Linguistic Landscape." I was her supervisor, and her committee members were Harold Schiffman, Susan Naquin and Michael Lackner.

All of her teachers were proud and pleased to watch Si Jia as she became a mature, productive scholar. Her official bio page on Fudan's History Department website lists her many publications in English and Chinese, the lectures she gave all over the world, her academic exchanges, and the many research projects in which she was engaged. One that impressed me the most was her intensive investigation of Robert Morrisons's (1782-1834) epochal Dictionary of the Chinese Language (1815-1823), including its lexicograhical principles and impact. Si Jia spared no effort to trace the history of the massive dictionary's printing and reprinting, visiting libraries, archives, and rare book collections in numerous cities in different countries.

At the same time, she undertook such profound scholarly research, Si Jia also paid attention to the role of language in daily life. When she came back to Penn in 2017, Si Jia gave a lecture in Grace Wu's CHIN 231 class about "dialect, culture, and identity". She told the students the story of her daughter reciting Shanghainese nursery rhymes, and explained that, when people are young, they are naturally sensitive to their own language environment and gradually form a unique cultural identity.

The ability to balance academic inquiry with personal insights and feelings is the mark of a genuine humanist. Si Jia was certainly one. She will be sorely missed.

得知司佳于2020年10月11日去世时,我感到非常震惊和悲痛。这实在太难以置信了!毕竟她是如此年轻,只有42岁。在这些年我和她最后的几次见面中,她看上去也很快乐和健康。司佳是上海复旦大学的正教授——这是一个极少有人能够企及的职位。她正处于职业生涯的巅峰,因此她去世的消息对我来说犹如晴天霹雳。尤其令人心碎的是,她永远地离开了她珍爱的、年仅8岁的女儿和她一生挚爱的丈夫——一位杰出的古典学学者。

司佳的离世源于一种影响心脏内膜的非常罕见的癌症——心包间皮瘤。她是在2019年6月3日早上住院并接受手术时知道自己病情的。到7月中旬,她看起来已经康复,但突如其来的复发把她从朋友和家人身边带走了。

司佳是2001年秋天来到宾夕法尼亚大学的。我永远不会忘记比司佳早一年入学的王嘉佳把她带到我办公室来的那个晚上。她们敲了敲我办公室的门,我开门后她们走进来,带着无比粲然的微笑说:"嗨,我是佳!我是嘉佳!我们是Jia Jia Jia!"

回忆起司佳在宾大的那些年,还有许多其他让人难忘的时刻,尤令我印象深刻的是她曾参与一门高级佛教文本阅读课。每周,大约会有25名研究生、访问学者、旁听生和其他认真的与会者围坐在一张长桌的周围,进行长达三个小时的研讨会。司佳坐在我左边,靠近上座的位置。她经常会吃零食,而我并不介意。事实上,我认为她需要增加一些体重。她上课总是睁着她的大眼睛,保持机敏和专注。但当我叫她举例或回答一个问题时,她的脸会唰一下通红,也会突然出一身汗。我感觉到司佳过于紧张了,有一天就对她说:"司佳,你需要平静下来。为什么不试着去上一些瑜伽课呢?"

几周后,我注意到她看起来放松多了,于是我问她是怎么做到的。她回答说:"梅教授,我听从了你的建议,报了瑜伽课。""太好了!"我叫道,"你在做哪种瑜伽?""热瑜伽!"她高兴地说,"现在我很冷静。"我们为此大笑了一场。

2006年8月4日,司佳从宾大毕业,获得博士学位。她的论文题目是"英语在中国的传播(1840—1940):历史文本、群体活动和语言景观"(The Circulation of English in China,

1840-1940：Historical Texts，Personal Activities，and a New Linguistic Landscape）。我是她的导师，她的答辩委员会成员有哈罗德·希夫曼（Harold Schiffman）、韩书瑞（Susan Naquin）和朗宓榭（Michael Lackner）。

司佳所有的老师都为目睹她成为一个成熟、高产的学者而感到骄傲和高兴。复旦大学历史学系网站上她的个人官方主页中列出了她的中英文出版物、在世界各地的演讲、她的学术交流以及参与的许多研究项目。其中让我印象最深的是她对马礼逊（Robert Morrison，1782—1834）那具有划时代意义的《华英字典》（*Dictionary of the Chinese Language*，1815—1823）持续而深入的研究，这包括对词典编纂原则和影响的考察。司佳在不同国家和城市的图书馆、档案馆及珍稀藏书中孜孜不倦地搜寻，不遗余力地追溯了这部大词典印刷和重版的历史。

在进行如此深入的学术研究的同时，司佳也关注语言在日常生活中扮演的角色。2017年重回宾大时，司佳在吴美慧（Grace Wu）教授的CHIN 231课堂上作了一场关于"方言、文化和身份"的讲座。她给学生们讲了自己女儿背诵上海童谣的故事，并解释说，人在小的时候，对他们所处的语言环境天生敏感，从而逐渐形成一种独特的文化认同。

平衡学术研究和个人见解与感受的能力是一个真正的人文主义者的标识。司佳显然就是其中之一。我们将深切地怀念她。

（译者：沈园园、孙晴依）

忆 司 佳

金光耀*

2020年10月12日早上打开手机，看到系里书记和教研室几位女同事的朋友圈里都点起了蜡烛和合十的手势，尽管没有一个字，心里还是一惊，马上给张巍兄打电话，证实了司佳昨晚去世的消息。虽对此已有心理准备，但一旦成为现实，还是很难接受，很悲痛。

9月30日，国庆假期前一天，在光华楼的电梯里遇见张巍，出电梯后他低声告诉我，司佳病情最近恶化，恐怕已到最后阶段了。我听后感到非常突然，因为从她的朋友圈中仍常看到她女儿慕头的照片，尤其是她在与自己指导的外国留学生的毕业合影中仍美丽如常，笑容灿烂。7月下旬，因为辨识顾维钧英文手稿，我向她求助，与她通过话，她说正在治疗中，但声音和语气并无异常，没想到病情发展如此凶猛！10月3日，我去长海医院看望她，她身体已非常虚弱。走出病房，唏嘘不已。

一年多前的6月8日，也是在长海医院，司佳因心包炎动手术后，我去看她，她神态心情一如往常，没有一点病态，让人以为就是一个一般的手术。回来后知道，那天正是她的生日。秋天她开始靶向治疗，我和太太知道她母亲忙不过来，想做些菜给她送去，帮她增强抵抗力，她稍作推辞后，就爽快地接受了。我们说做甲鱼，她提出要吃黄鳝。隔天做了一碗黄鳝烧肉给她送去，她说很对胃口，我们感到很宽慰。

司佳的本科和硕士都是在复旦读的，但我与她的相识要到她在宾州大学取得博士学位后。2007年春天，取得博士学位后在宾大做了一年讲师的司佳想回母校工作，这在当时的海外博士中还不多见，尤其是从常青藤名校毕业的。此时我正承担系务，系里刚开始实行对求职人进行面试，但尚无一套完整的规章。我就请中国近现代史教研室主任戴鞍钢、中国古代史教研室主任邹振环和世界史教研室主任李宏图一起参加面试。说是面试，却无法

---

* 金光耀，复旦大学历史学系教授。

见面,因为司佳尚在美国,只能通过国际长途电话进行。系里办公室的电话无法打国际长途,就与司佳约好时间,由她从美国打到我的办公室,我们四人一起听她陈述,并进行提问。大家对她的学术水平和口头应答都非常满意。这年 8 月司佳正式入职,成为历史系第一个有海外博士学位的中国史教师。

2009 年底,复旦大学开展院系国际学术评估试点,人文学科选了历史系。评估专家除一位国内学者外,均来自境外著名大学。他们对历史学的学科发展有批评,也有建议,但对历史系引进海外名校博士均给予高度肯定,特别提到司佳对复旦中国史学科的国际化及与海外学界的交流必将发挥重要作用。

评估专家确实一语中的。司佳后来在中外文化交流史方面做出的学术贡献,以及对中外学术交流的推进,几位与她专业相近的同事都已有叙述。我想补充的是,她在历史系中国史英语课程和英语硕士项目的建设中起了关键的作用。2009 年,我代表历史系与美国 Pepperdine 大学谈妥该校学生来华学习项目,历史系要为他们开设的英语本科课程中有中国近代史。这门课由司佳与我一起承担,她上晚清与民初这一段,我上共产党兴起后的历史。因为中美学期时间上有不同,她这一段开课都遇到春节假期,她克服各种困难,完美地完成教学任务,美国学生对她的授课十分喜欢。此后,她又在学校开设了英语的中国近代史课程,很受留学生好评,于 2014 年获得上海高校留学生英语授课示范性课程的荣誉。

历史系要开始中国史英语硕士项目,也将这一任务交给了司佳。她十分乐意,认真地投入这个项目。从课程的设置,学生论文题目的确定和指导老师的安排,一直到最后论文答辩,都亲力亲为,予以仔细的安排,使这个项目得以顺利进行。

司佳去世后,纪念她的文章都写到她乐观的性格和灿烂的笑容。其实,作为一个青年教师,在科研和教学上,她也有不为外人所知的压力和焦虑,在工作中也有过委屈。我不承担系务后,她有时会来我的办公室倾诉一下,我会耐心地听她的倾诉,但只能无力地宽慰她几句。

我与司佳和张巍有一个共同的兴趣,就是爱乐,常常会在音乐厅不期而遇。2017 年 3 月,德国钢琴家布赫宾德来上海演奏贝多芬全套钢琴奏鸣曲,司佳与张巍早早就订了票。但演出当天,张巍因事无法去听这场他期盼中的音乐会,司佳就请我同去。那晚,最后一个曲目是贝多芬的"月光奏鸣曲",曲终,我们一起为钢琴家的精彩演绎喝彩。回家的地铁上,还在交流彼此听乐的感受。

"月光奏鸣曲"的第一乐章让人感受到月光照在湖面上的静谧和美丽,但旋律中又流出一丝忧伤。这正是我写此文追忆司佳时的心绪,也是她留在我心头永远的印象。

忆 司 佳

余 蔚*

司佳刚过不惑之年，在现下的时代，仍在“青年教师”的行列，老母在堂，女儿尚年幼。因此甫闻噩耗，真是痛惜之极。但在此之外，还感觉到不适应，二十余年的老友，乍然离世，周边的小世界好像缺了一片。不过这种感觉有点模糊。近来和学生谈及什么问题，几乎要脱口而出：“这方面具体的你可以去请教司佳老师。”此时那片模糊的空缺处突然就清晰起来。

就性格而言，司佳很特别。初识之时，直观的印象就是爽朗明快，乐意与人交流。交往多了，才了解到她的特别之处：自制力强，行事极强调规划。每天的日程都是事先排定的，何时去哪里看书，何时做完什么事，必先预计。即便会友或者休闲，也安插在各项工作之中，精确到分钟。这种习惯，若非自幼磨炼，恐怕是难以形成的。与此相称的，是强大的执行力。博士阶段末期，为了与远在欧洲的论文评审老师更顺畅地沟通，可以不惮于飞渡大西洋。这种坚执，至少我是远远不能企及的。所以与她相处，压力很大。敬佩之余，也深感汗颜。我可不可以也更努力，可不可以做更多的事？一个现成的励志模板就在面前，又怎能忍住对自己灵魂的拷问？

坚毅、聪慧、善于统筹，并且早早就显露了对于学术的热忱，一位优秀学者的必要素质无不具备。所以在她刚刚读研之时，大家就不怀疑她会在学术之路上走得很扎实。不过，总是按照上限给自己布置工作，也是要付出代价的，累到哭的时候也不是没有，只是抹去眼泪很快就可以继续用功。她读书早、毕业早、工作早，起点很高，加上这样高速的运转，我绝不怀疑她的路很长。但她自己却似乎一直有一种紧迫感，无论是上学时或者工作后，不间断的项目、著述、访学、学多种语言，永远是时不我待，步履匆匆，一直到某一天戛然

---

* 余蔚，复旦大学历史学系教授。

而止……

负笈海外时，她曾炫耀，自己住处的环境不错，空气清新，所以睡眠时间不超过五个小时，便觉得精神抖擞。我心底里是不信这个理论的，反倒怀疑，在高氧环境下新陈代谢比较快，这种榨取时间的方式是在燃烧生命。可是既然她这么忙，事事要做到一如预计、做到极细致处，那当然需要更多时间。不休息的时间，日程排满了还不够用，唯独休息的时间还可以挤出来。一念及此，就觉得也不便在作息方面更作严肃的讨论。现在想来，她未满四旬，健康状态就迅速恶化，早年借贷的生命力被追讨回去，也未尝不可能。但即便对这种可能性有所预感，坚执的性格也不会容许她对于榨取时间有所犹豫。也不止一次劝她不要绷得太紧，要细水长流。但对于一个将不停地运转视作生命本质的人，这样的劝告，效果是非常不明显的。

对于某些人来说，生命的质，或许要比量更重要。最好的人生历程，就是走在不断摘取成功果实的路上，一刻也不要歇息。毕竟会有很多的意料之外、无可奈何，大好年华不多做些事，莫非要蹉跎了岁月空嗟叹？这样勇猛精进的态度，当然是不便否定的。只能说，活得精彩，不亏负此生，就好。

追忆逝去的司佳

高　晞*

第一次见司佳是在2005年的芝加哥“亚洲学研究协会”(AAS)年会上，她在会上发言的主题是“洋泾浜英语”。那个报告会场很大，我因为到得晚了，所以坐在最后一排，只能远远望到台上有一个短发女学生在讲晚清中西方人在上海交流时语言的接触方式。与前几位发言学者不同的是，她报告时青涩的学生腔是非常明显的，我专门看了一下会议手册，发现该场会议的报告者中只有她一人是博士生，其余都是有教职的学者。从题目看，第一直觉她应该是复旦毕业的学生，突然听到她说有些“洋泾浜英语”现在“我外婆的生活中还时常会流露出来”，于是她举了“水门汀”和“斯别灵锁”等例子，当她用上海话说出这几个词时，立刻变身为一个活灵活现的上海小姑娘，让我格外惊喜，猜想她可能是周振鹤先生的弟子。茶歇时，我们随便聊了一两句，确认了我所有判断，那时她还是宾大的博士生，师从著名汉学家梅维恒教授。当时我们具体谈了什么，我已不记得了，只是发现这个漂亮的上海女孩笑起来眼睛是会发亮的，而这样的感觉一直等到她回复旦历史学系，我们共事13年间，一直没有变过。可谁曾料到，自2020年10月11日起，这份感觉竟会成为永久的追忆。

2019年6月3日，司佳因心包积液突发昏迷，辗转新华、长海和中山医院治疗，最后在长海医院手术。两天后，我与孙青相约去医院看她，事先与她通了微信告知去医院的时间，到医院见到她时，依然是笑盈盈亮晶晶，一点病态的样子也没有，轻松地与我们讲手术台上听到的医生们说的笑话。出院不久，我与她电话联系，她告知我说长海医院在抽积液时还做了一个病理切片，怀疑有肿瘤指标，她决定去肿瘤医院作进一步检查。前一天晚上，我有些不相信，又微信问她为什么一定要去肿瘤医院检查。她马上打电话过来，说自己已经查看了许多相关的资料，并讲了一大堆的数据与指标，说去肿瘤医院是为制定治疗方案，目前

* 高晞，复旦大学历史学系教授。

海外已有靶向药物。最后我问她怀疑是什么肿瘤,她说是“间皮瘤”,一种我从未听说过的疾病。尽管她的语速还如之前一般飞速,口气也很自信,但我还隐约地感觉到她的极度不安,在挂电话前我不放心地问了一下,明天是否要我陪你去,她立马接口说好的呀。挂了电话之后,我马上在电脑上查了“间皮瘤”,资料显示这种病有良性与恶性两种,恶性的肿瘤目前没有有效的根治方法,常见的是胸膜积液,晚期是心包渗液,我的心中一下抽紧,转而又想这种凶恶的病怎么可能落到司佳的身上。第二天阴天,张巍老师陪司佳去肿瘤医院,我在医院与他们会合。医生察看得很认真,因为长海医院病理切片检查还未全部完成,所以数据不足以制定治疗方案,医生嘱咐先服一些营养的药,做好治疗准备。他们夫妇两人离开医生办公室后,我回头又进去询问了医生,病情究竟如何?医生说此病凶险,时间不长,发展很快的。与他们夫妇在门口分手后,站在阴霾天气下的肿瘤医院院中,我的眼泪喷涌而出,真的无法想象这样的灾难会降临到司佳的身上,心口堵到阵阵发疼。

与司佳相熟是在她正式入职复旦后,原先我们并不在一个教研室,张巍老师的办公室就在我的办公室楼下,司佳时常会4点左右到张老师办公室工作,有时听到我在楼上走路的声音,她就会打电话来说,你在呀,我上来哦。每次她推门进来总是笑眯眯的,随手带两小袋核桃,或是桃花胶,分我一份,就坐下来聊会儿。因为我们两人都做传教士和中外文化交流史研究,早期她偏向语言学方面,我一直留在医学传教领域,虽然方向不同,但在某些方面和领域还有相通之处,也时常会参加相同的会议,交流相对多些。司佳、张海英、孙青和我四人还组织过一个专题参加日本关西大学东西交涉学会的国际年会。我们的研究多以教会档案为基础,彼此会分享在档案馆查到的资料和经验。有一段时间她做《圣经》《三字经》研究,碰到我就说《三字经》中有医学内容,我发给你哟。有一次她来找我说,受邀去荷兰参加一个学术会议,会谈医学传教士,她说发现医学传教士其实是一个蛮有意思的题目,我给她推荐了些资料。不久她打电话很认真地对我说,有一件事想要与我沟通一下,她发言的那篇稿子荷兰杂志要她写成文章发表,她特意来征求我的同意。我觉得很奇怪,说这是你的研究,为什么要取得我的同意。她急促地说,因为大家都知道高老师是做医学传教研究,她写文章等于踏进我的领域。当时我就笑了,哪有这样的道理,史料放在那里,谁做研究不可以,即便是同样的史料,你我做出的成果肯定不一样的,那又有什么关系呢?她怏怏地说,其实有许多人是在意的。我原以为司佳如此尊重学术规范,是因为她在西方接受过严格的学术训练。司佳离世后,我在看她的生平时才注意到,她曾是上海唯一参加全国学联大会的中学生,17岁就考入复旦大学文基班,23岁获全额奖学金去美国读博士,回国任职历史学系副教授不过29岁。在人生的任何一个阶段，她都比同辈人年轻，可谓天才少女。当大家在赞美她年轻有为时，我突然意识到，一个少女过早地进入以男性为主的成人学术世界，她需要保持怎样的一份小心谨慎，才能和这个与她年龄不相称的世界打交道。我想起表面看似张扬自信的司佳一说话就容易脸红，拍照时微笑中总略带羞涩，这或许是她真实的写照。

司佳出色的学术成果，源自她的勤奋和自律。我转到近代史教研室后与她的直接接触就更多了，有好多次我们在凌晨通微信讨论问题，包括她新一年的研究计划等。近两年她从语言学研究转向文本分析，以传教士手写文档为主，先是《圣经》《三字经》，后在伦敦大学亚非学院档案馆发现梁发日记，以及19世纪中国旧海关档案文书。这三个方向与我的研究都有交集，在学术上的交流也更频繁了。有一次我表示传教医生的蛇形天书难以辨读，她得意洋洋地对我说，我现在基本能辨认传教士的手稿了，这样的能力是需要持之以恒地研读而耐心地辨析才能达到的。仅三年她就在《近代史研究》和《世界宗教研究》上发表了两篇关于梁发的言行和思想的重要论文。与此同时，她还在翻译汤因比的《中国纪行》。有一年教研室筹办一个大型国际会议，请她代拟一份英文邀请信，我想此事对她而言是举手之劳，没想到短短的一份邀请函，她花了好几个小时，然后对我说，回家让张老师再修改一下，“他的英文更典雅”。

她生病期间，原本计划去参加几个学术会议，最后都无奈放弃，但是在上海的学术活动她尽可能参加，教研室讨论年度计划和教学安排会议她也积极参加。每次来学校，依然修饰得精致漂亮，穿着她喜爱的菲拉格慕绛红色皮鞋，这样的精神状态容易给人产生一种假象，司佳的病并不是十分严重。我一度怀疑一年前肿瘤医院医生的判断，我曾询问她化疗后的情况，她说反应不大，自己也尽可能多吃食物以保持体力。年初，我问她今年在学术上有什么计划，是否想开个会之类的，她回我说，开会可能不行，但文章还是会写。疫情期间，她告诉我还去医院治疗，6月通电话说，靶向药物起作用了，肿块在缩小，我听了非常高兴，我甚至相信她在新的一年可以回到学校工作。

8月底史地所张晓虹所长电话我询问司佳情况，问是否可以一起去看看她。我随即发微信问她：“好吗？在家还是在医院？”没想到司佳立刻给我打电话问道：“你问我好吗？是什么意思？”我有些紧张，说没有什么，就想疫情这么长时间，不了解你的情况，想来看看你。她说此次化疗反应比较大，脸肿了。我明白司佳的顾虑，她极讲究体面，不愿以此形象示人，于是我就说好吧，等你脸肿消了之后我再过来看你。8月底到9月初，教研室正好有一系列研究生网上讲评会，8月29日的讲评会中有一位是司佳的学生，那天上午，我发微信给司佳告诉她今天她的学生沈园园会报告梁发研究，司佳回问要了会议室的代码，很快进入网上会议室，全程听完此次活动，最后还对三位发言同学的文章作了点评。那时听出她的声音虚弱，有些力不从心了。下线后她对我说这样的活动，她躺在床上也可听，下午的会还会再听。其间我们又谈了些梁发研究的内容，我问她是否见到过梁发从事医学活动的档案，她回微信说："医学方面梁本人材料中我好像没有见过。梁家在广东当地其实有材料的，有海外华人纪念他写的他自己以及家庭材料"，并说中山大学姚达兑教授或许知道，"我有机会也问问他"。9 月 4 日，我找到梁发在广州合信医院工作的资料，马上与她分享。

9 月开学伊始一片慌乱，无暇与司佳联系，想着国庆期间或许可以去看看她。10 月长假十日内，自己被安排了两场重要演讲，整个假期就是在准备论文和 PPT。但这期间自己生活又不安宁，九旬母亲似老小孩般，随时会拿起电话或发语音骚扰人，甚至会要求我马上去她家里。2 日下午，我刚开车出母亲家的小区，就接到刘金华书记的电话，说司佳不行了，刘老师的话音几乎要哭出来了。一年前肿瘤医院医生说的"凶险"两字猛烈地撞击着我的心脏，剧烈疼痛，我无法相信司佳真的会到最后时刻，想到她是那么的年轻，爱孩子爱家庭，孩子还如此幼小，怎舍得撒手离去，我难过得只能将车停在路边。

7 日与刘老师和黄洋老师去医院看望司佳，我们问医生，是否还有希望，医生表示回天乏术，我们又问司佳知道自己的情况吗，医生说她如此聪慧，怎会不知。是呀，早在一年前，司佳就已将自己病情的走向摸得清清楚楚，以其爬梳辨析档案的功力，要查找与疾病相关的资料，根据材料分析病势不是易如反掌吗？想到这一年半以来，她以怎样的毅力和控制力管理自己的身体与情绪，每每以最佳状态示人，不让周边的人担忧，她的勇气和意志力非常人所及，就像在学术界一样，再次展现出她超人的能量。那几日，我一边关心着医院的情况，一边准备着自己的演讲，好几次，突然悲从中来，眼泪直接就流出来，我真的很想问一下司佳，那么长时间里，你有过恐惧吗？

10 月 15 日，送走司佳后，我打开与她交流的微信，我们最后一次交谈停留在 9 月 8 日 12 点 23 分。那天我正在翻译书稿，遇到一个常见单词，无法找到准确而合适的中文，自然而然地想到了司佳，感觉这个问题只有她能帮我，于是微信问她，没有任何停顿，她即刻回复了我。现在想来，那时她已病入膏肓，却未让与她对话的人有丝毫的察觉，她就是那么要强，不想示弱，想将完美保持到最后。

司佳天性颖慧、热爱生活、追求完美、坚定好强，而现在的我是一片伤心画不出她的明亮笑靥，一切只在追忆中。

悼 司 佳

张海英*

10 月 12 日上午,我正在北京故宫参加清史学术研讨会,听闻噩耗,当时感觉头都炸了,泪水夺眶而出。我怎么也接受不了,我心目中那个开朗活泼、坚强热情的司佳,怎么就这样走了呢?

几天来,每每想起司佳,便止不住潸然泪下,往日跟她在一起的点点滴滴,恍如昨日。其中,我特别怀念我们曾在日本共同度过的那段时光。

2011 年 7 月我去日本关西大学访学,此前司佳已在此做博士后近一年,9 月份期满她将回国,因此我们有一个多月的时间在一起。在那段近距离接触的日子里,我感受到了她的干练、热心、勤奋与纯情。

我自己做明清经济史研究,因此,到日本后,我就特别想抽时间去九州岛的长崎看看,因为长崎是明清时期中日经贸交流的重要港口。而司佳对中外传教士的文化交流感兴趣,长崎又是近代西方宗教输入日本的一个重要窗口,她也想去考察一下。我们俩一拍即合,决定一同前往。

在国内时我是一个比较慵懒的人,在外出旅行方面,从订票到住宿安排,都是家里先生帮我弄好的,去日本之前,我在携程上买票都很少,遑论网上订酒店之类的。想到去长崎都要在网上搞定这一切,我不免有点头大。司佳看我那为难的样子,就主动把我的行程安排全部接过去了,我看她从订票到选住处,还要比对价格优惠等,那么娴熟,佩服不已,觉得自己真是不学无术。没想到她倒是笑笑说,在国外时每次出行都是自己这样搞定的,她都习惯了。司佳的方向感极佳,在长崎那几天,她拿着地图可以非常快地找到我们想要去的地方,路线绝对不会错。而我这个路痴,则是要看着地图比对半天,有一次竟然差点把去长崎

---

* 张海英,复旦大学历史学系教授。

历史文化博物馆的方向弄了个反！到后来我索性也就不动脑筋了，只要跟着她走，准没错。就这样，我们在长崎，凭着在握的一幅地图，参观了富有中国色彩的长崎“四大唐寺”之一的兴福禅寺和日本唯一一座由中国人建造的孔子庙——长崎孔庙，游览了充满西方异域文化气息的荷兰坡，最后在长崎市立图书馆和长崎历史文化博物馆，拍到了我们各自所需的历史资料，满意而归。

司佳的外语很好，从美国回来后她参加过几次专业学术研讨会，她在会上以流畅的外语及敏锐的专业视角与国外同行直接交流，引起大家的关注。在长崎闲聊的时候，我问她，你的外语超好，你都是怎么学的？没想到她苦笑着说，哪里啊，都是给逼出来的。她说博士毕业后她在宾大获得讲师职位，那是要正儿八经给学生上课的，上课内容并不仅限于中国史，还有东亚、欧洲、非洲等世界各地历史都要涉及，而且是纯英语讲课，课堂上还要准备学生提问之类的。那段备课讲课的日子，艰难的程度不亚于博士论文的写作。当时她把每堂课的教案全部用英文写出，有的内容不熟悉，要反复背下来，晚上睡觉时都在设想第二天学生可能要问到的问题，想到新问题了就会立马起床记下来，这样反复折腾下来，一个晚上就过去了。为了备课，夜不能寐、通宵达旦是经常的事。她说这些的时候语气很平淡，似乎在说一件很平常很应该的事情，没有丝毫的怨言。而我仿佛看到了她在灯下那通宵伏案的娇弱身影，我在想，她今天的成就，何尝不是对她坚韧、勤奋、努力不懈的回报？

在司佳准备回国的最后一个星期，她先生张巍趁暑假过来看她了。司佳在我面前说起张巍，脸上充满了钦佩与自豪。她说他简直就是一个书痴，似乎生活的全部就是读书，可以在书桌旁一坐就是一上午甚至一整天。哪一天如果没看上两三个小时的书，就会觉得虚度年华，懊恼不已。她甚至模仿着张巍为省时间，把洗好的衣服没折叠好就往衣橱里扔的动作。我打趣她：“你这是幸福的埋怨，你看你，嘴巴上数落着他，可你的眼睛，你的脸上都放着光呢！真是一个幸福的小女人。”她脸红了，摆着手说，“哪里啊，侬搞咧！”一边说，一边不好意思地笑弯了腰。那一刻的司佳，是那样的纯情与阳光。今天每当想起这一幕，我心里就忍不住的痛。那时她的笑容有多灿烂，我此刻的心就有多痛，直恨老天的残忍与无情。

2019 年 6 月份，我得知她生病，心里很是担忧。当我在系里碰到她时，她的精神状态还不错，谈起病情来也是风轻云淡，没有我想象中的萎靡不振，我又放心不少。我能体会到当她得知病情时，那份五雷轰顶、茫然无措甚至万念俱灰般的感觉，但没想到她这么快就走出来了。她的乐观，她的坚强，深深感染了我。

2020 年 4 月份，我看到她在朋友圈里晒照片，人在医院里吊盐水，却还不忘在病床上改稿子。我一看就急了,因为这种病,充足的休息时间是必须的,这样才能提高免疫力,千万马虎不得。我抓起电话打过去,叮嘱她好好休息,没想到她像没事儿人似的,只说书稿再不修改就来不及了,她不能违背对别人的承诺等,闭口不谈自己的病情。她就是这样,一个性格率真的性情中人,一个对工作认真负责,甚至都有些执拗的人。

司佳的离去,令我倍感黯然。大凡癌症病人,头顶上犹如悬着一把达摩克利斯之剑,性格再洒脱,内心深处多少都会有一些忐忑,不知这把剑何时会落到自己项上,我一直祈祷着这把剑慢一点落下。如今司佳再也无须忍受这份肉体病痛和心理忐忑的折磨了,对她来说,这也是一种解脱。

我相信,在彼岸的那个世界,她也一定会平和坦然。我衷心地为她祈祷。

悼念司佳

孙　青*

今秋的天空似乎特别明净,阳光灿烂。10 月 15 日那日却是个阴天,我们要去送别她。九点半的时候,姜鹏发微信给我,说写好了我们近代史教研室为她准备的挽联。一共两副,一副是他自己用颜体写的,另一副是他请了一位书家用隶书所写,让我们选择到时候挂哪一副。我告诉他,等结束与学生的约谈就上去找他。手机嘟嘟响,港城大的张为群老师留言,说今早又仔细推敲修改了一下平仄,即使姜鹏来不及改写了,也可以在将来出纪念册的时候更动。大家都想把事情做得尽善尽美,努力一些,再努力一些。

学鉴东西,遍历五洲,颜色焉随宝镜灭;研穷新旧,宏观千古,精神常伴文字存。

我们想用这些近乎细节偏执的坚持去挽留下一些什么——她的美貌,她的追求,她的热爱,她的收获……一位大学老师曾在她的讣告圈文下留了王国维《蝶恋花》的词句"最是人间留不住,朱颜辞镜花辞树"。我们终于发现,相比于她自己对这个世界的坚强与执着,这些都微不足道。

初识司佳,是通过耳闻。18 年前负笈海外,交换留学。海外不少师长听说我是从复旦历史系来的,便总会问我是否知道有一位差不多年纪的学妹,极为优异。于是我便对她的良好声誉时有耳闻。我做博士论文用到马礼逊字典,脉络生疏,便去查考相关研究史。还记得前数据库时代,在图书馆期刊阅览室复印她写的《早期英汉字典所见之语言接触现象》。细细读来,对那史料梳理扎实细致,文风老练周到印象深刻。掩卷时想,这就是传说中的司佳吧。

---

* 孙青,复旦大学历史学系副教授。

再见司佳,是做了同事。大学全职教师排课时间不同,平时交集并不多。常常在全系大会,或教研室讨论时,见她笑容甜美,语音娇柔。同教研室的女老师不算多,我们的研究方向又接近,便开始熟悉起来。科研与教学工作的压力是无形迹的,外人不知,总以为我们不用早九晚五,没有日日排课,似乎很轻松。每每在系休息室的咖啡机前遇见,有时我们便会把这些误解当笑话讲,说其实是鸡叫睡觉,鬼叫写字,全年无休。我们都在各自尝试自己的减压方法,有时也会交流。她之前是做瑜伽,近几年生育后,似乎还打过一阵拳击。我则笑称,运动不适合我,我信奉的是龟息大法。她总是哈哈哈笑,然后说自己吃得很多。夸我身体好,吃得少,又能一个一个通宵熬夜瞎折腾。

生育对我们而言是一个坎。从18岁开始习惯的恶劣作息无法再继续。白天必须早起,不再有整段的时间由得我们泡图书馆,查资料,任性地一口气写完稿子迎头痛击各种deadline。我们必须适应如何利用被割裂成丝丝缕缕的时间,用于思考与写作。这对于需要凝神持续思考才能有点滴收获的我们而言,不太容易。司佳在2015—2016年间集中完成她的中文书稿。女儿还小,她就与先生两个人换班。白天先生来工作,她带孩子。下午三四点,换她来。有时她到了学校,会先来我屋里聊几句有的没的。有时笑着说,今天想赖皮写晚一些回家,多蹭先生一些时间。我给她看我电脑里收集的资料,未打磨的文稿,给自己挖的那些选题坑。她给我看她那些蟹行的英文手稿,说多看看就不怕看了。还记得她申请到国家课题时高兴的样子,跟我反复念叨自己的选题有多值得去做,要怎样怎样再怎样。微信是个奇怪的东西,人走了,对话却还生动地留着。我翻看我们的对话框,去年12月3日,有一条是她问我本室小戴老师的电话,说是要咨询他的结项经验。听说她的国家课题结项评分优秀,算来,结项时是她生命最后的阶段了。写到这里,我的心里有些痛。不,很痛。

我们的轨迹有不少重合的地方。2016年一起在港城大工作坊,2018年一起在关西大学组panel参加文化交涉学年会。我还记得坚尼地城的海风,她说她给我拍的照片比我自己举相机拍得要美,人看起来比较瘦。她的胃不好,包里总是随身带着一小包一小包的饼干或巧克力。我们都怕低血糖,似乎也都曾经因为低血糖在课堂上晕倒过。我还记得京都平等院外的宇治川,我们在那里坐着吃抹茶冰激凌。我说平等堂的飞天观音好美,她说她想吃河边那家店的寿司。

2019年6月她病了,生日是在医院过的。几个月间开了两刀。我和晓莉去看她,她坐在病床上,神完气足,说刚刚拔掉全身的管子。问她痛不痛,她说,插着管子的时候很痛,现在不痛了。2019 年 8 月,我上暑期课,在校园对面的六教。有一天下课,她发微信给我,说她来学校了,问我要不要见面聊聊天。我问她饿不饿,给她从 The Press 买个面包和果汁去。我问她口服化疗药感觉怎么样。她边吃面包边说,前两天肠胃道反应比较厉害,后面就好了。不难过的时候,她就努力吃,让自己多一些抵抗力。我记得她的书柜里放着她的英语专著和新译的汤因比《中国纪行》。这书的反响很好,她笑眼弯弯地告诉我,连她的主治医生都喜欢读,竟然会去买一本。

2019 年 11 月,我下课回家,追公交车摔了一跤骨折,做足踝加固手术。她坚持要来医院看我,说顺便走路锻炼。她塞给我一块黑巧克力,说术后没体力,她知道的。然后眼神突然暗淡下来,不知道想起什么,说也许自己某一天就这样走了。

2020 年天下大疫,我们都龟缩在家观察世界,很少通信。偶然联系,是她约我看她研究生的预答辩稿。6 月份她给我打电话,说今年想好好过个生日,让孩子们在一起玩一下。我让女儿穿上大红色的衬衫,去给她唱生日歌。南京大学陈蕴茜教授因病去世,小半个近代史学界都在哀悼。她突然给我打电话,说自己很难受。我问,你和陈老师有交往?她说没有,只是突然想到自己也许……我说,你不要瞎想。当时想的是,她不是稳定了么,看气色这样好。谁又能想到呢。7 月 5 日她留言告诉我合生汇一楼有一个很好玩的打电玩的地方,她一家三口玩了一整天,让我也带女儿去。7 月 31 日问她最近可好,她留言说“还行,医学我们又不懂,跟着感觉走”,缀一个微笑的表情符。9 月 30 日她发了一条圈文,是小女儿在试穿粉色汉服。10 月 4 日,我知道她病势急转直下,行将不起,却又不欲亲朋看到她的憔悴。连日噩梦不断,发了一条朋友圈减压,第二天居然看到她的点赞……

6 月 22 日,我最后一次跟她讨论了学问。我读了她《传教士缘何研习圣谕广训》的文章,问她方言圣谕广训集解的脉络。她说,我跟你电话说。然后发了自己拍的几个方言版本到我邮箱,留言说“让你晚上有点事情做做”。我回复她将来成文,第一个注就鸣谢“司佳教授”。她发了一个大笑的表情符给我,如今想来,不胜悲……

寒潮初起,风意如水。秋日又晴朗起来,我跟几位系里仍在为她深切悲伤的女同事说,不想再沉溺在这样的情绪中了,我们必须送走她。可是,一时之间,这真的可以做到么?

是以为记,临稿哀戚,难以重读。

2020 年 10 月 18 日星期日深夜

忆 司 佳

马建标*

第一次知道司佳的名字,那是 2008 年深秋的某一天。那年 6 月,我从复旦博士毕业后到中国社会科学院近代史研究所师从汪朝光先生,从事为期二年的博士后研究。根据当时的惯例,当年毕业的博士生要在 11 月返回复旦参加博士学位证书颁发典礼。回到复旦后,我顺道拜访了延期毕业的同窗好友赵中亚博士。他当时住在北区学生公寓,在他的房间有一份 2008 年 9 月 24 日的《复旦青年》,这一期报纸的第 4 版有对司佳的一篇访谈。其题目是《他山之石与他者视域:对话复旦大学历史系副教授司佳》。在编者按里,《复旦青年》记者徐逸敏写道:

> 以"汉学"(Sinology)一词来指称海外对中国的研究,早已约定俗成。但是,二战后美国关于中国研究的成果不断涌现,"中国研究"(Chinese Studies)作为一种与传统汉学完全不同的学问悄然兴起,并逐渐取代后者,成为海外研究中国的主流范式。司佳博士自宾夕法尼亚大学毕业后回沪,专攻中国近代史,于美国中国学内的墙闱之争自是熟悉。记者就美国中国学发展中的内在原因对她进行了采访。

正是通过这篇访谈,我才知道司佳的大名,她年纪轻轻就已经是复旦历史系的副教授。同为 70 后,我还在读博士后,而她已经是名校副教授,遥遥领先于同辈。当时的印象,司佳真的了不起,是一位让我望尘莫及的学界先进。人生总是有很多偶然,有很多的想不到。我当时怎么也不会想到,不久之后,司佳老师将会在一定程度上影响到我的人生命运选择。

2010 年春,我即将博士后出站,未来的工作去向捉摸不定,一度非常迷茫。当时,我有

* 马建标,复旦大学历史学系教授。

很多选择,但最向往的是回母系任教。汪老师找我谈话,希望我留在民国史研究室。王建郎所长、栾景河先生与张俊义先生则纷纷表示:欢迎我到中外关系史研究室工作。因为我一直在研究中外关系史,如果到中外关系史研究室去,也是一个不错的选择。时值五月,近代史所在北京香山饭店举办建所60周年隆重庆典。在会议期间,南方某名校历史系的一位资深教授悄悄地告诉我,“小马,如果有兴趣,你可以来我们这里”。诸多学界前辈的关心,让我非常的感动。金光耀师当时担任历史系分党委书记,他希望我回来工作,但是说工作面试可能存在无法确定的变数,也就是不能确保我顺利入职。

那一年,历史系正值领导班子换届,我作为金师的学生,此时回历史系应聘,难免不受影响。尽管前途难料,金师还是建议我回来一试。按照事先的预定,我的面试日期定在6月1日下午。此前一周,我的心情忐忑不安,时常与北京的一位大哥聊天。这位大哥是东北人,是一位不得志的民间艺术家,擅长画虎。一天晚上,我与大哥在近代史研究所附近的报房胡同一家名为“青砖小院”的饭店喝酒聊天。不知不觉,已到掌灯时分。闲谈之中,我告诉他,一周之后,我将回复旦参加面试,内心惴惴不安。

出人意料的是,大哥说他可以帮我算上一卦。他说,今天多喝了几杯酒,脑子不太好使,但还是可以算他一算。只见他,神态凝重,掐指一算,说道:此次上海之行,面试结果有惊无险;在面试的时候,会有一位女老师向你提问题,但你放心,她提出的问题,完全是出于善意,就是在帮你!我们这些研究历史的,一向坚持唯物史观,并非有神论者。对于大哥的算命,我当时也只是作为一个聊天解闷的事情,心中并未当真。

2010年6月1日下午,是我回复旦历史系求职面试的历史时刻。面试的地方是光华楼西主楼2001会议室。这一天,恰好是“六一”儿童节,让我终生难忘。巧合的是,二年前我在复旦的博士论文答辩日期也是儿童节。儿童节,是一个朝气蓬勃的日子,阳气十足,选在这样的日期面试,或许冥冥之中自有天助。当天下午,全系的副教授和教授几乎都出席了,除了个别的临时有事之外。按照当时的规定,新进教师需要获得出席人数的三分之二投票支持,才可以通过。会场上引人瞩目的是,文史研究院院长葛兆光先生也出席了,主持面试工作的是历史系学术委员会主席朱荫贵先生。我做了15分钟的陈述之后,葛兆光先生、朱荫贵先生、张翔先生等向我提了问题。此外,在场向我提问的还有一位年轻漂亮的女教师,她就是司佳。司佳提问道:马建标,刚才你在介绍时说你翻译了好几本英文专著,可否介绍一下你的英文运用能力如何?

世间事就是如此的巧合。正如那位大哥所占卜的那样,那位向我提出善意问题的神秘女士，原来竟然是司佳老师。那天参加面试的还有一位来自日本东京大学的女博士，姓朱，其名今已忘记。事后，金光耀师告诉我，当朱荫贵教授宣布面试结果：一个没有通过，一个通过时，他紧张得心怦怦跳，生怕我落选了。但是，当朱老师接着宣布“马建标通过了面试”，他心里的一块石头才落了地。现在想来，当时的情景真的是有惊无险！而我能幸运地通过面试，当然离不开司佳老师的善意支持，也多亏了系里诸多老师的默默关照。

回到复旦任教之后，我与司佳的交往渐渐多了起来，对她的身世也有了更深入的了解。让我惊奇的是，司佳的母亲早年在我家乡安徽省利辛县马店镇隔壁的乡镇——插花镇的农村做过几年知青，还参与修建过家乡的茨淮新河，而这条大河就在我家村前的不远处流过。正是在阜阳乡下当知青的时候，司佳的母亲认识了在当地工作的父亲，两人在阜阳结婚。1978 年，改革开放的那一年，司佳出生了。司佳的爷爷原籍鲁西南，1949 年之后作为新四军干部留在安徽阜阳地区工作。其爷爷去世后，也安葬在当地。

我曾对司佳说，你算我的半个老乡。司佳笑着回答说，也是也是！2013 年春，司佳的女儿出生时，我去她家里贺喜，终于见到了司佳的妈妈。我们聊到了阜阳插花镇，谈起了上海知青参与修建家乡茨淮新河的往事。司佳的妈妈非常开心。我当时提议，找个时间，大家相约一起回阜阳当地看看。遗憾的是，这件事情迄今未能实现。

2014 年春，我到美国访学一年，与司佳的联系少了一些，但彼此偶尔也通过微信互动一下。2015 年春，我从美国回来，与司佳的往来更加密切了。这时，司佳因为职称评审的事情不顺利，两次参评教授，都未通过，又赶上学校的“报二停一”的规定(连续参评二次不过，第三年不能再申报)，她为此忧心忡忡。司佳希望能够在史学权威刊物上发表论文，以确保来年顺利评上教授。为了她的论文发表，我也帮助出谋划策，只是能力有限，爱莫能助。不过，在学术合作上倒是参与了一些。2016 年春，司佳找到我，商量以复旦大学中华文明国际研究中心的名义，办一个国际学者工作坊。中国方面的学者召集，由司佳负责，我从中协助，日本方面的学者召集，由日本福冈女学院大学的徐亦猛教授负责。此次会议的主题是“近代东亚国际视阈下的基督教教育与文化认同”。

我这个人生性比较懒散，对于学术论文的写作常怀畏惧之心，所以许多论文都是在参加学术会议的外在压力下才完成的。为了参加此次会议，我努力完成了一篇宗教力量与美国威尔逊政府对华政策的论文。2016 年 9 月 16 至 17 日，“近代东亚国际视阈下的基督教教育与文化认同”工作坊在复旦大学光华楼东主楼 701 会议室举办。作为会议召集人，司佳担任大会开幕式的主持人。那天上午，她身着长裙，留着齐肩的卷发，黑色的大眼睛炯炯有神，给人留下深刻的印象。唯一让我感到意外的是，司佳并没有提交会议论文，这并不是她的风格。那次会议上，名家云集，华中师范大学的马敏教授，中国社会科学院世界宗教研究所的段琦教授，复旦大学的徐以骅教授、王立诚教授、李天纲教授、高晞教授等都参加了。我提交的论文，有幸得到了上述诸位名家的赐教，事后这篇论文发表在《历史研究》2018 年第 5 期上。会议当天晚上，大家去学校旦苑食堂教授餐厅用餐，独独缺了会议召集人司佳。之后，从高晞老师那里得知，司佳在开完会议之后，回到办公室突然晕倒了过去，她就没有来参加晚宴。当时，我只是以为司佳可能是办会操劳过度，并未多想。

转眼到了 2017 年底，司佳这次参评教授，顺利通过。她的心情当然是非常的高兴。2018 年春节过后，司佳请我吃饭，庆祝她评上教授。这时候，司佳好事连连。司佳发表在《近代史研究》的文章《从〈日记言行〉手稿看梁发的宗教观念》在《近代史研究》的官微上发布之后，她高兴地在朋友圈里发布消息，说她的文章和她当年带领的博士班学生——中山大学历史学系的柯伟明的文章同期发表，令人高兴！司佳还私信给我，请我在朋友圈推介一下她的论文。凡此种种，都彰显了她那可爱的人生观，敢爱敢恨，活得非常真实，不矫揉，不做作。

在复旦共事期间，司佳遇到好事都会与我分享。她的孩子出生，在国定路 365 号举办满月酒时，邀我参加；她指导的硕士生毕业论文答辩，邀我参加；甚至她的学生毕业聚餐，也少不了我。细细想来真不好意思，司佳请我吃的多，而我作为大老爷们，却回请的少，真不像话！司佳评上教授之后，身体状况已经出现不好的征兆，2019 年春夏之交，她突然生病住院。之后，她时常发布微信，用文字叙述自己与病魔抗争的历史，言语之间充满了对生命的乐观之情，也会用照片记录她的爱女成长中的点点滴滴。我们都认为，她会挺过去的。

最后一次见司佳，是 2020 年 6 月的一天下午，我们在复旦附小相遇。当时她正站在附小围墙下的台阶上一边与朋友聊天，一边在等待她的女儿放学回家。最后一次听见司佳的声音，是在 2020 年暑假的一次电话里。那天晚上，我在金师家吃饭，突然金师母接到司佳的电话。司佳在电话里询问，给她女儿报名参加校外培训班的事情。最后一次与司佳通信，是 2020 年 9 月中旬的事情。当时，我给她电话，她没有接听。9 月 15 日，我只好短信问她："9 月 27 日，请华东政法大学屈文生教授做一次腾讯会议学术讲座，涉及近代翻译与中外文化交流问题，有空参加吗？"司佳回信说："27 日我现在确定不了。"事实上她那时人在医院，已经病入膏肓。到了 9 月 23 日，司佳来信说："活动加油哦！"还说，"我，有空来听取。"之后，就再也没有收到她的回信消息了。

2020 年 10 月 12 日早上，我刚到学校，突然接到高晞老师的来电，说：司佳走了。我当时简直不敢相信，立即反问道："你说什么？"高老师再次回答说：司佳永远地离开了我们！那一刻，我泪如泉涌，一个人在理图后面的小树林里失声痛哭起来。随即，我想到了司佳 2019 年 12 月 21 日发在公众号"明德史馆"上的一篇文章《伦敦会藏梁发〈日记言行〉手稿解读》。这篇文章里特意配上了司佳精心挑选给我的一张个人生活照。照片里的她，穿着天蓝色的短袖衫和黑色的紧身长裤，右手优雅地放在左膝盖上，面庞微侧，注视着前方，嘴角带着蒙娜丽莎般的迷人微笑，是那样的亲切自然随和！我立即在微信上转发了司佳的这篇文章，附带一句话：唯愿人生无病忧，花满人间春常在。

司佳走了，但她永远活在我的心中。

2021 年 9 月 1 日晨

“启明星，亮晈晈”

——忆司佳

欧阳晓莉*

2020年10月12日　　星期一　　晴

有一个非常不幸的消息：妈妈的一个同事，司佳阿姨今天早上(作者按：应为昨天傍晚)去世了。上次，我跟妈妈去和她一起吃饭时，她不是还好好的吗？妈妈说司佳阿姨是病死的，那种病叫胸膜间皮瘤。妈妈说她其实以前就有一点症状了，可惜当时没有查出来。我觉得司佳阿姨的女儿木木(应为慕慕)也很可怜，她才读二年级，那么小就没有了妈妈。

这是我女儿知道司佳去世的消息后当天写下的日记。她当时读五年级，语文老师要求每天放学后写一篇日记。

我知道司佳去世的噩耗，是2020年国庆长假过后的周一早晨，当时的情形历历在目。我乘出租车来学校，路上翻看微信，车子经过国定路财大校门时，看到系里刘金华书记发的一条朋友圈，题为“芳华永驻”。我的心猛然一沉，点开细看后才知道司佳已在头天傍晚与世长辞。

第一次见到司佳是在2013年初。当时我结束了在美国十余年的求学和工作，加入了复旦大学历史学系。系里每周二为老师提供工作午餐，创造了我们相识的机会。因为都有过在美国留学的经历，我们用餐时聊了几句，算是认识了。2013年暑假，我搬到了她所在的办公室，从此成了共享一个办公空间的同事，直到2018年她换到新的办公室。

不过，我们同在一个办公室的那几年，因为所属学科不同，工作节奏不一样，所以交集并不多。她需要照料年幼的女儿，经常下午才得空到办公室来，而我那个时候要么在上课，要么去接孩子放学了。自从2019年夏天她第一次病发入院后，我们的联系反而逐渐增多。

---

* 欧阳晓莉，复旦大学历史学系教授。

6 月 14 日，我听青姐姐（系里同事孙青老师）说司佳诊断为心包积液在长海医院住院，就短信问她情况如何。她回复说“再过几天应当会出院”；又问是否方便去探视，她说：“不用啦，我后天就出院了。”

再往后和她联络就到暑假了。当时我小姨带着我表弟的孩子从老家来上海旅游，我正领着一大家人逛上海动物园。司佳给我打电话说她病理报告的结果出来了，因为我先生对生化领域有些研究，所以她想咨询一下相关指标。为了进一步确诊，她还去做了增强 CT 的检查。

2019 年 8 月 1 日，她做了手术。我短信问她先生（张巍老师）情况如何。张老师说她术后比较虚弱，插了不少管子，也不太能说话，所以不方便探视。到 8 月 4 日，她情况稳定，转到了普通病房。那天我正好带着女儿在长海医院附近的杨浦图书馆，就约了青姐姐一起去探望。到病房后发现她精神气色都不错，如果不是那身病号服都看不出她是病人。她妈妈在病房里陪着她。老人谈起那天手术的情形还心有余悸，一个劲地说幸亏司佳很坚强。司佳和我们聊了聊看病求医的经过，说在长海有次看专家，对方问她：“病人在哪？”她指着自己说：“我就是病人。”一番谈笑过后，青姐姐和我都觉得司佳的病情貌似也不是特别严重，她做完手术，吃吃药，就会好起来的。离开的时候，司佳还送我们到了电梯口。

8 月底，她有天来办公室，我还去坐了坐，聊了会儿天。她感觉成天待在家里也不一定有利于养病，所以精神好的话，就到办公室来看看书、码码字。我说你来的话别自己开车，乘出租车更安全，还可以省点精气神。开学前后她向我打听了复旦附小一年级学生交费的事。慕慕幼儿园毕业了，成了一年级小学生。

整个秋天，我们差不多每月通个电话，交流一下她的病情和慕慕的学校生活。她开始吃靶向药化疗了。但间皮瘤没有专用的靶向药，只能借助肺癌靶向药治疗，所以医保不覆盖，全自费。她说最大的副作用就是服药后最初几天腹泻严重，否则她还可以来给学生上课。我深切地体会到她想回归正常生活的强烈愿望，也理解了为什么有人带病还要坚持工作。对病人来说，最好的状态难道不是像生病之前那般照常生活么？

那个学期，送慕慕上学的重任落到了张巍老师身上。我偶尔乘地铁送女儿上学，从国权路地铁站到复旦附小的路上邂逅过他们父女俩。问起司佳的近况，张老师说总体还行，就是间皮瘤有点疑难杂症的性质，治疗方案还需要摸索。接孩子放学的事，司佳说和同住一个小区的邻居拼着开车接。

下一次见到司佳是在系工会组织的年末庆祝会。2020 年 1 月 7 日下午，我们一起在光华西主楼一层的活动室里吃了零食，聊了聊天。她说病情有点影响到脸部，造成局部浮肿，问我是否能看出来。我凑近瞧了瞧,发现她眼睛周围确实有圈浮肿。我打趣道:“除了张老师,谁会凑那么近看你?”到了小学放学时间点,她还开车载我一起去接孩子。那个时候小学附近总是车水马龙、一片拥堵。她熟练地把车停在一条小马路上,接到慕慕后还带她一起回光华楼参加了趣味游戏。一切都给人感觉岁月静好!

在 2020 年 1 月中旬,我张罗了一次春节前的聚餐活动。青姐姐年前有两个学术会议,还要举家去三亚旅游,无法参加。1 月 21 日,我带着女儿,司佳带着慕慕,还有小朱老师,五个人一起在悠方的星怡会餐厅吃了午饭,权当提前庆祝春节。那时武汉的新冠疫情已经引起全国警觉了。司佳说他们计划带着孩子假期去外地游玩,希望还能成行。她看起来精神气色与往常无异。

2020 年春季学期是前所未有的网课时代。我经常看到司佳发的朋友圈消息,知道张老师勤于采购,家里储备充足;知道慕慕想摆摊售卖自己 3D 打印的大蝴蝶;知道她指导的加纳学生送她了绚烂布料;知道她指导的硕士生顺利毕业……最要紧的是知道她一切都好,安然无恙。

最后一次见到司佳是 2020 年 6 月 5 日。她全家做东,请了我、小朱老师、青姐姐还有文史研究院的董少新老师,在悠方三楼的瑞泰和餐厅吃晚饭,青姐姐和我都把女儿带上了。我以为就是个普通的聚餐,后来青姐姐告诉我,2019 年司佳在医院病房里度过了她的生日,所以这次她想和家人朋友们一起庆祝。她和我的生日都在 6 月上旬,都是双子座。我记得她那天身穿一条墨绿色的裙子,外面套了一件奶油色的小开衫,一如既往地美丽动人。我女儿至今都念念不忘那天晚上尝过的龙虾海鲜面条。

暑假里天气炎热,国内疫情也尚未解除,所以我们没有约着见面。不过时不时能看见她发的朋友圈,推测她情况不错。我先生都说司佳状态这么好,说不定就出现奇迹战胜病魔了。

到 9 月底,中秋国庆长假前,我想着有一阵没联系她了,也不见她发朋友圈,就在 9 月 30 日上午给她发了一条微信,祝她全家中秋快乐,问她近况如何。她回复说最近只能以休息为主,右腿淋巴要去治疗,我给她加油打气。这是我们最后一次交流。

最后一眼见到司佳是在 10 月 15 日龙华的告别仪式上。看着她亮晶晶的眼睛已经永远闭上,青春美丽的身躯再也不能动弹,我心中百感交集,无限悲伤!旁边站立的四位老人和年幼的女儿,更让人不胜唏嘘。同为上有老、下有小的 70 后,我恍惚中有同命相怜的感觉。

不知不觉间,司佳离开我们将近一年了。撰文追忆时,她笑脸盈盈、明眸善睐的样子一直浮现在我眼前。暑假里在体育馆偶遇张老师,他说慕慕和老人们状况都不错。如果人真有在天之灵的话,司佳知道她最牵挂的人一切安好,应该会觉得欣慰吧!

记忆里的司佳

朱联璧*

初见司佳是在 2012 年 6 月初。参加完求职面试后，就与她在系里偶遇。司佳见到我便主动自我介绍，脸上还有点红。得知她就是司佳，便想起彼时正在复旦读博的本科室友章斯睿曾经提起过她。相信不少人和我一样，都是未见其人，先闻其名。自我介绍后，司佳就问起我是在哪里读的高中。得到答复后，她说起自己是华师大二附中毕业的。对于从小就经常路过这所名校的门口却考不上的我来说，自然增加了几分亲切感。

虽然和司佳并不属于同一个教研室，但在工作后的八年里，与她打交道的时光并不少。她忽然离世后，纷乱的记忆一时之间就像一团乱麻。如果不是高晞老师提供机会，大概我也没有机会把这团乱麻缕清，整理一下对司佳的记忆了。

入职后不久，司佳就联络我，说因为身体原因，希望我能承担她的一门研究生课的部分教学任务。有关她的记忆的开端，便与女性青年学者如何在生活和职业发展中辛苦前行有关。由于工作前的教学经验为零，我便向司佳提出想先去听几次她的课。司佳爽快地答应了，还把课程大纲、教学安排都与我详细说明了下。即便能感觉到课堂上的司佳顶着疲累教学，但依然是快乐的。为了在教室里放视频，她还自己带着一对音箱去教室，以求最好的播放效果。这些构成了我对课堂上的司佳的记忆。

从工作的第二年开始，这门研究生课就成为司佳和我的共享课程。有时，我们会聊聊课程时间安排，听听她对授课的建议。藤校博士的光环，让她从回国工作之后就开始讲授很多必修课和英语授课的课程，工作负担比起上选修课要大不少。与她共享这门课，既为我提供了讲课的机会，也稍微减轻了她的工作压力。她大概很早就看出我是很宅的人，于是偶尔叫上其他同事还有我一起喝咖啡，聚餐，享受一下闲暇。

---

* 朱联璧，复旦大学历史学系副教授。

除了授课上的交集之外，2015年的夏天我们一起去台湾参加了一次学术研讨会，又有相当长一段时间都在伦敦查资料。在这次有关翻译的会议上，许多与会前辈都对司佳的研究赞许有加。每日散会后，司佳会建议出去走走，比如去看看成功大学校园里的榕树，用个把小时去博物馆走马观花。不经意间，我收集到了不少之后一门新课的讲课素材，也才意识到自己以往出门开会并不善于利用会后不多的自由时间。

从台湾回沪后过了半个多月，我们又踏上了去伦敦查档案的旅程。和所有需要在海外查档案做研究的同行一样，每天都是睁开眼塞下早饭就直奔档案馆或者图书馆，有时间的话中午吃个自带的三明治，没时间就熬到关门再随便吃点晚饭，然后回住处整理资料。唯独在这一次查档的时候，会收到司佳的短信，问起档案馆如果闭馆比较早是不是还可以一起去看 V&A 的展览，走一走海德公园。于是，在某个档案馆稍早闭门的日子，我们打了个时间差，去了我列在访问计划里很多年却从来没有去过的 V&A，用最短的时间收集了很多素材。V&A 闭馆后，我们一起去买简餐，她还给我买了一份甜品，然后走到海德公园阿尔伯特亲王的纪念雕塑下面，吹着凉风吃着晚饭，看着太阳慢慢下山。

这两趟旅程让我发现，司佳确实是很懂得利用出行的机会到处走走看看，但探索世界的强烈愿望和有限的体能之间的矛盾，在此时也已经显现了出来。当时只以为是她忙于工作没有时间锻炼，却没想到提醒她多注意身体。

也是在这一年，曲折得知陈蕴茜老师生病的消息。司佳在美国求学时曾与她在同一位学者家中住过几日，打过几次照面，当时很唏嘘这样一位非常努力的人遭此困厄。然而未曾想到的是，仅仅四年之后，恶疾也找上了司佳。获知司佳病情之初，怎么都不愿相信这种病如此凶险。彼时尚不知道，陈老师的病也复发了。总以为她们的人生正要往好的方向去，却没想到几乎同时急转直下。

2020年初，欧阳晓莉约了司佳聚餐，带上了她们的孩子，也叫上了我。席间的司佳显得有些虚弱，但气色尚可，只以为她还年轻，疾病不至于对她过分残酷。不久后，新冠疫情到来，同事之间见面的机会几乎为零。司佳偶尔还会在微信上问问我生活琐事，聊聊孩子，说说化疗的感受。疫情开始之初虽然对她的治疗产生了一些影响，但听她的描述，听她聊起女儿时的高兴，总觉得情况都会变好的。

疫情在上海平息后，司佳说起希望我参加她的生日聚餐。记得那天虽然下着雨，但参加聚餐的同事们都高高兴兴的。席间，我给司佳送了一只便携式的蓝牙音箱，下意识地说：这个上课的时候用起来方便。话音未落，司佳脸上滑过一丝落寞，我感觉到自己可能失言了，但她很快打了圆场。那一刻，潜意识里眼前的这个司佳还是那个认识不久的司佳，带着电脑和音箱去教室里上课。内心以为，她随时会回到过去的状态，忙着上课，忙着论文，和我们一起吃吃喝喝嘻嘻哈哈。那一晚我们看她都不像是个病人，但可能只有司佳自己才知道，之前因为疾病忍受了多少难以言说的痛苦，还要为了避免周围人担心，让自己看起来格外轻松。

参加完这次聚餐后没几天，学妹告诉我陈蕴茜老师情况危殆。之后的一个多月，每天都希望不要看到坏消息，而终究是没躲过陈老师在7月去世的噩耗。当朋友圈不停出现怀念陈老师的文章的时候，我不敢像多年前那样和司佳再聊一聊陈老师。和学妹去陈老师家中的灵堂悼念后，看到她女儿未见到母亲最后一面的痛苦，心如刀割。无论作为女儿，作为母亲还是作为同行，这种痛苦都太残酷了。

陈老师离世带来的心痛尚未散去时，孙青用沉重的语气告知我司佳进了ICU。消息来得太突然，又忽然回想起刚得知司佳病情时的惊诧。虽然她这么努力活着，这么积极生活，却无法击退病魔。就像没有人知道她是多努力才有了那些学术上的成绩一样，也没有人知道她在与病魔抗争的时候经历了多少痛苦。在她轻描淡写的言说里，我终究只能知悉其中分毫吧。

今年三月底的某一天路过开满早樱的光草，脑子里忽然划过一个念头：今年的樱花，司佳看不到了。这个世界的四时变换，人情冷暖，她一定都很有兴趣，却无法知晓了。以后再不会有一个昏昏欲睡的下午，在隔壁上课的司佳把买多的冰激凌送到教室里来了。以后再不会有一个阳光明媚的下午，我们一起在珠宝店里给自己选礼物了。以后再不会有一个细雨霏霏的下午，赶着去和司佳聚餐了。

这些零零散散的记忆和琐琐碎碎的小事，比起司佳作为学者的成绩，显然是微不足道的。但还是想把这些细枝末节写下来，留给司佳的孩子看。她的母亲是一位学者，也是一位热爱生活的职业女性。她用自己最大的能力去探索这个世界，在很多的时刻照亮过其他人，一起分享着许多愉快的时光。如果有一天她愿意的话，我会很乐意把这些有关她母亲的快乐记忆分享给她，让她妈妈发出过的光芒，继续照在她身上。

2021年7月

纪念司佳

白若思*

With the deep sorrow, I learned about the death of Dr. Si Jia, Professor of the History Department at the Fudan University, also my elder classmate at the University of Pennsylvania. She was an outstanding scholar of Chinese modern history and linguistics, studying the spread of English language in the late-Qing Shanghai, which resulted in two monographs, published in Chinese and English languages, as well as in numerous articles, also in Chinese and English. As a native of Shanghai, who also studied for Bachelor and Master's degrees at Fudan University, she was an expert in Shanghai history, local customs, and dialect. Her mastery of the field helped her to draw new conclusions about the early history of English-language education in Shanghai. Si Jia always was eager to share her knowledge with colleagues and students. Here I would like to express gratitude for Si Jia: while studying some materials from Shanghai and around for my research projects, I consulted her about several linguistic and cultural questions.

I would like especially to commemorate to Si Jia's contribution to the educational process at the History Department. She taught numerous courses and guided many students, also served a coordinator for international students, who came to study for the MA degree in English language at Fudan. Si Jia helped many foreign students to organize their studies and life at Fudan. In this way, she made a big contribution to the development of international nature of education at Fudan.

Si Jia was a very kind person, always very attentive to students; as she stayed several

* 白若思,复旦大学文史研究院副研究员。

years in the United States (2001-2007), studying for the PhD degree and then teaching at several courses the University of Pennsylvania, she was very knowledgeable of difficulties foreign students could meet at American universities. I have met several Chinese scholars who mentioned that she helped them with useful advice on studies abroad. Si Jia also traveled with lectures to several countries representing Confucius Institute at Fudan and other programs. Her early death is such a big loss for the History Department.

Rostislav Berezkin

在得知复旦大学历史学系教授——也是我在宾夕法尼亚大学时的学姐——司佳博士逝世时，我的心情极为沉痛。她是一位杰出的中国近现代史与语言学学者，研究方向为晚清上海的英语传播情况。她出版了中、英文两部相关专著，并发表了大量的中、英文论文。作为土生土长的上海人，又在复旦大学取得了学士及硕士学位，她精通上海的历史、习俗与方言。凭借对这一领域的熟练掌握，她对上海早期的英语教育史得出了新的结论。司佳经常热心地与同事以及学生分享她的知识。在此，我想对司佳表示感激：当我在为自己的研究项目研读上海以及周边地域的材料时，我曾向她请教了许多语言和文化方面的问题。

我想特别纪念一下司佳为历史学系教育工作所作的贡献。她曾讲授大量的课程，并指导了许多学生。同时，她也担任了 EMA 项目的负责人，并帮助许多留学生适应在复旦的学习与生活。由此，她为复旦的国际化办学做出了重要的贡献。

司佳非常善良，总是给予学生充分的关怀。她在美国学习和工作过(2001—2007 年，她先是在宾大攻读博士学位，而后留校任教)，因此十分了解留学生在美国高校可能会碰到的困难。我遇到过许多中国学者，他们都曾提及司佳在海外留学方面给他们的实用建议。司佳还曾作为复旦孔子学院和其他项目的代表出访，在不同国家举办讲座。她的英年早逝对于历史学系而言是一个巨大的损失。

（译者：沈园园、孙晴依）

送别司佳教授

马 军*

前天下午，我随众人在龙华殡仪馆长安厅送别了司佳教授。接待方给每位凭吊者颁发了一份简要介绍她生平事迹的材料。如果说受过高等教育的女性是"天之骄女"，那么司佳实在是"骄女中的骄女"，从少时求学，到大学升硕，再到留美读博，直至返国后在母校任教，她有着一份钻石般的履历。字里行间，那张附着的带有笑靥的照片，更显示了这是一位名副其实的美女教授。

但令我百思不得其解的是，老天爷为什么在对她如此厚爱之后，却又快速地收回了所赐予的一切？真是天意难测……

司佳小我 9 岁，和我的关系是既不远也不近，既不亲也不疏。2001 年，当时正在复旦大学历史系攻读博士学位的我，曾到历史地理研究所去聆听周振鹤教授讲授的一个学期的课程"中国政治地理"。司佳当时是周老师的硕士研究生，所以与我曾在一个教室里听过课，可以说是同学。二十出头的她，中等身材，眉宇醒目，目光锐利，穿着赭色毛衣，常与日本女留学生薄井由(著有《东亚同文书院大旅行研究》)同出入，听课时也总是一同坐在前排。看得出，周老师对司佳颇为赏识，课间常吩咐她做一些辅助性的事务。或许是一路顺顺当当地过来了，所以不免带有一些大小姐的气质，对熟人常抱以笑容，对不太熟悉的人，则比较淡然。我隐约地听说，她是文科基地班出身，很快就要到美国去读博士。看来一片黄金前程正等待着她，真是令人羡慕！

那时我和她唯一一次近距离接触是在南区研究生宿舍门口，她奉周振鹤老师之命来向我借阅法国汉学家高迪爱(Henri Cordier)的 *Bibliotheca Sinica*(《中国书目》)三大册，我们事先已电话约定在那里"交货"。那天，她骑着车，穿着一件淡蓝色的上衣。由于彼此间很

---

* 马军，上海社会科学院研究员。

生分，所以寒暄几句后就各奔东西了。

下一次见到司佳则是8年以后的2009年，那时她已从美国宾夕法尼亚大学拿了博士学位，学成归国后在历史系任教。在一次复旦大学历史系邹振环教授主办的学术讨论会上，我和她同是与会者。休息间，张仲民兄曾引她来与我交谈，我觉得她的话比以前多了，而且也更平易近人了。之后，我们之间偶尔见面，她曾邀我到复旦历史系开会，我在《史林》杂志短暂担任副主编时也曾处理过她的稿件。她的研究重点是中英宗教、文化交流史，入口是对西人原始文本的解读，这一方面明显是受到了乃师周振鹤教授的影响，另一方面也得益于其得天独厚的海外受教背景和交流环境。她与欧美、日本的许多学术机构有着频繁的交往，常常在国际、洲际行色匆匆。2011年和2015年我到北京和香港参加学术活动时也曾两次偶遇她。显然，这是一位前途必定远大的国际学者。

记得有一次，我曾在席间对她戏言，"你姓司，我姓马，原来都是司马家的。后来是被人中间砍了一刀，所以就断开了"。她听后莞尔一笑。我逐渐体会到，她虽然是学界宠儿，但却也随和、低调。

大约在2016年，我有一个硕士研究生叫梁艳，我布置了一份作业，即撰写论文《曾纪泽的外语学习》。我对她说："复旦历史系有个美女教授名叫司佳，在这个问题上比我更专业，你去听听她的课，会有帮助的。"梁艳很听话，坚持去复旦听了一个学期的课。她后来笑着告诉我："司佳老师确实是位美女教授，她给了我很多指点。"梁艳的论文后来正式发表了，颇受好评。这里面当然也有司老师的贡献。

大约去年5、6月间某天，我从微信朋友圈里获悉司佳因突发腹痛前往长海医院就医，最初怀疑是胆囊炎，后来才发现是"心包积液"，经过急救才暂归平安，但病因需要一段时间以后才能查实。我遂上网查询，竟发现"心包积液"存在着已罹患癌症的可能性。但又转念一想，像她这样一个一直与好运相伴的"骄女中的骄女"应该不会有事的。

记得她在住院时，在病床上还不停地为自己的译著《中国纪行：从旧世界到新世界》(英国汤因比著)校稿。约两个月后，该书由上海人民出版社正式出版，她及时快递了一本给我。我收到后即作诗一首，发在朋友圈里以为宣介，即：

贺司佳教授新译

司氏有佳懿，

受教宾夕尼。

史笔总不辍，
译苑又添枝。

今年4月10日，司佳在朋友圈发了一张照片，显然是她躺在医院的病床上所摄，镜头里显示的是医用铁杆上挂的吊瓶。显然，她是在打点滴、吊盐水。

我随即通过微信询问，“是什么不好？是不是与去年的病有关？”

她答：“我得一种间皮瘤，也是挺怪的病。”

为了安慰她，我又写道：“我有两个至亲，前几年都得过大病，但按部就班地治疗，现在都好好的。所以，你也会好的。”

她答：“谢谢。”

对话结束后，我迅即上网查询间皮瘤的情况，这居然是一种很凶险的疾病，发现时通常已属晚期，期望寿命则要视化疗的效果而定，而得病的原因可能是多年前深度接触过石棉制品。

这之后，我十分关注司佳在朋友圈里发出的信息，她似乎很淡定，常发一些陪女儿练球、学溜冰的照片和动态图，要么就是反映她指导的外国留学生的答辩和毕业仪式。从照片中可以看出，她并不见瘦，而且气色颇佳，常常满含笑容。文字间，也充满着对女儿的深深期许。在我看来，司佳本身就是个奇迹，奇迹可能正在，而且将继续在她的身上发生……

我也曾想过，寻机到复旦光华楼去探望她一下，但终于被疫情所阻。

进入10月后，大约有一个多星期没有见到她在朋友圈的发言了。然后，便是10月12日凌晨收到了她远去的消息。瞬间感受到的是，既突然，又不突然……

这几天，一想到司佳，禁不住思量起这几个问题：

历经了16个月的癌魔恐怖威胁后，如今的她终于获得了解脱，虽然肉体的生命不在了，但心理惧怕、病痛折磨亦已烟消云散。在这个意义上，她的灵魂已经挣脱出了黑暗，正向光明的彼岸飞去了。她的亲人、朋友、同事和学生们或许应该为此稍安。

拜读了她的成果目录，在短暂的学术生命里，她贡献了优秀的著作、译著，以及30篇高质量的论文。若老天再假以30年，哪怕20年，10年，就是5年也行，那么她将会给学术史和学术界增添多少光明和灿烂啊。为此，我要质问老天，“你真多变，你好无情！”

现在回想起来,司佳在她最后的时光里,朋友圈里晒的满满都是她那年幼的女儿。她一定是预感到自己来日无多,想把更多的爱预支给她。让尚不知事的女儿留在这个世界,而作为母亲的自己却无法继续呵护,竟要独自离去,这一定是她最大的遗憾。然而古往今来,人生不如意之事十之八九,也许缺憾就是这个世界的本质,如果这么想的话,司佳或许可以有所释然,但愿她能够如此,心安而去。

人的一生应当怎样度过?特别是在最后的时刻。我想人不能改变命运的安排和捉弄,但是却可以改变自己。司佳教授为后死者们树立了典范,她没有怨天尤人,走得坦然,走得沉静,给世间留下了永远的美丽和风度。

此时此刻,我双手合十,衷心地祈祷她的冥福。

2020 年 10 月 17 日

腹有诗书气自华

——追忆司佳教授

王银泉*

10 月 15 日下午，在上海龙华殡仪馆，送别了英年早逝的司佳教授，同时也受托于北外顾钧教授和李真副教授一起献上他们的哀思。一个鲜活的学术生命，就此突然打住，一份纯真的学术友谊，就此戛然而止，这是我万万想不到的。六年前的 2014 年 10 月 16 日，我与司佳相识于一次学术会议。

15 日中午，感谢复旦外文系陶友兰教授提供午饭便利，在错过了复旦大学统一安排的大巴车之后，我和复旦的三位老师拼车打的赶往殡仪馆。在吊唁厅，从她家人和单位领导得知我是从南京专程赶过去送别司佳时候略显惊讶的反应来看，也许我是唯一的从外地赶去的，虽然我无法确切地知道我的猜测是否属实，因为现场送别司佳的众人，我一个都不认识。看上去，大多数应该是复旦历史学系的师生和司佳在复旦其他系部的好友，还有一些是司佳在上海相关学术界的朋友。说现场众人，我一个都不认识，是因为司佳在历史学科，我在外语学科，学科围墙，决定了不同学科之间的学者，不是那么容易互相认识，虽然不是绝对不可能，毕竟，学科交叉早已成为一个趋势，打破学科藩篱呼声越来越高涨，我与司佳的学术友谊，就是一个例证。从司佳的论著，就可以看出她作为历史学研究学者的广泛兴趣，呈现明显的学科交叉特性。

惊闻司佳英年早逝的噩耗之后三天内，我在朋友圈发了若干动态，为生命的逝去和学术的折损感到痛心痛惜。有若干朋友见此便发消息给我，要我节哀。我觉得，他们说的如果是传统意义上的节哀，那也许不尽然，因为我不是普通意义上的哀，我只是感叹于甚至是愤慨于上苍的不公、吝啬和无情，如此才华横溢充满学术活力的司佳，既然赋予了她如此出

---

* 王银泉，南京农业大学教授。

众的前半生，为何不让她拥有黄金岁月般的后半生，继续更大的学术辉煌和人生极致？我叹息连连的是，作为国际背景的学者，她肯定还有更多的精彩学术研究故事可以与世界各地的学术朋友分享交流，可以让更多的学子受益受教……当然，她应该还有更长的生命，可以去尽母亲的责任，可以去陪伴和注视孩子走进中学和大学，可以看着孩子披上婚纱结婚生子成家立业，她还可以有更多的时间享受三口之家的天伦之乐，还可以有更多的时间去孝敬两边的父母尽女儿的本分，还可以享受相信同样会是精彩的人生晚年。可是，上苍为何非要那么薄情寡义，不能慷慨地给予她更多的时间更长的生命，难道真的是天妒英才吗……

上海社科院马军研究员在追思司佳的文章里形容他与司佳的关系是既不远也不近，既不亲也不疏，此番话描述我和司佳的关系，我觉得也是很贴切的。我与司佳认识于 2014 年的第二届中国翻译史高层论坛，时间是该年的 10 月 16 日，论坛报到的那一天，那时候做梦也不会想到，六年后的 10 月 15 日会是我和她永别的日子。

2014 年 10 月 16 日下午五点前后，我在第二届中国翻译史高层论坛的承办方华东政法大学安排的酒店入住之后，下楼去会务组咨询有关事宜，进入电梯，遇到的就是司佳，电梯里只有她一人，她手上抓着一本书。她的气质告诉我，她是一个不一般的青年才俊，所谓腹有诗书气自华，用在她身上，再恰当不过了，这就是我对她的第一印象。她告诉我她是复旦大学历史系老师的时候，我有点小小的惊讶，因为我以为她也是来自外语界，毕竟，传统意义上的翻译研究似乎就是属于外语学科的范围，虽然事实并非如此，以明清之际西学东渐翻译高峰为例，在这个方向从事研究的学者，有不少来自自然科学的诸多学科。

简单交谈几句，就马上证实了我的第一印象。如果从教育背景和职业道路来说，司佳的履历堪称完美。其中学就读的华东师大二附中在上海基础教育界的地位和公众认可度堪称“无人能出其右”。当然，司佳的优秀并不在于学校本身的辉煌办学经历，而是她在中学时期就作为上海市唯一的中学生代表出席全国学联第二十二届代表大会，而随后她在 1995 年以出色的成绩考入复旦大学第一届文科基地班更是彰显她与众不同的学养和能力。她本科毕业后(安徽师大外语学院梅晓娟教授在微信朋友圈留言说，司佳本科毕业前夕就公开发表高水平论文，堪称是研究生级别)，考入复旦大学历史地理研究所读研，毕业之后更是拿到了全额奖学金赴美留学，入读宾夕法尼亚大学东亚系，师从著名汉学家梅维恒，博士毕业后还曾担任宾大讲师并兼任圣约瑟夫大学助理教授。2007 年回国入职母校之后，29 岁成为副教授，38 岁成为教授，这样的经历，足以证明她的强大实力和她的足够优秀。要知道，上海对职称评审的要求很高，没有过硬的本领是很难晋升为教授的。她的专著译著和几十篇高水平论文，就是对她的出色成绩的最好注解。你看了司佳的履历，就会知道她有多么厉害，不承认都不行。司佳不幸早逝的消息传出之后，几乎全网络都刊登转发了有关报道，相信除了为她的英年早逝扼腕叹息之外，也有欣赏她精彩学术人生的因素吧。

在第二届中国翻译史高层论坛上，司佳的发言题目是“早期新教传教士米怜的文本布道与翻译”。她指出当前研究主要集中于马礼逊，对米怜的研究较少，然而米怜作为马礼逊的助手，其经历值得研究。从翻译史角度来看，着眼于几位重要人物以及经典作品，进行深入的全面分析，有助于深化对19世纪中西文化交流过程中一些关键问题的理解。她的发言足以看出历史学科班出身的功底和国际化学术背景的滋养，不但史实考证严谨，而且论据有力，观点新颖。

在那次研讨会之后，我与司佳成了学术朋友，虽然平时微信交流不太多，更谈不上有私交，但我对这个青年才俊的佩服之情益发强烈，很快就得知她在翻译英国历史学家汤因比(Arnold Joseph Toynbee，1889年4月14日—1975年10月22日)1929—1930年横穿亚欧大陆的游记 *A Journey to China: Or, Things Which Are Seen*。其间得到她微信发来分享的翻译过程精彩之处，而且还承她告知，汤因比1929年的中国之行到了南京，遇到了一位南京的大学农学系的推广部门的学者(见司佳译作第238页)，没有姓名。我当时就告诉她，应该可以帮助她考证出这个人，因为在1929年那时候，南京城里的大学里的农学学者，十有八九来自金陵大学农学系。得益于与康奈尔大学的合作，其师资队伍和教学当时就堪称世界一流和国际化，所以，汤因比遇到的这位农学学者虽然没出过国，但是却说一口流利的英语，实属正常。金陵大学农学系就是南京农业大学的前身，我校有不少学者专门研究金陵大学的历史。

2018年上半年，我考虑以我创办的典籍翻译与海外汉学研究中心名义办一次学术会议时，想到了1698年11月4日抵达广州的十位来华欧洲耶稣会传教士。他们来华背景不同一般，因为他们不是欧洲耶稣会派遣来的，而是由康熙皇帝的家庭教师、法国耶稣会士白晋奉命返回欧洲招募来的，而且其中的马若瑟、巴多明和雷孝思在华期间在中西文化交流史上发挥了突出的作用，成为早期的汉学家和中学西传的先驱。巧得很，2018年11月4日是个周日，时间上适合办会。于是，我在北外张西平教授的指导下，策划了“中学西传与欧洲汉学暨第三届中国南京典籍翻译与海外汉学研究高层论坛”，在全国各地邀请与会学者时，司佳是最早想到的人选之一，而且我直接点题，希望她能够跟大家讲讲她翻译汤因比游记的情况。虽然她一开始表示了顾虑,说我们的会议主题背景是明清时期的,而她的研究是近代的。但是我最后说服了她,理由是,中国文化西传欧洲产生的影响是公认的,汤因比这样的学术大家,不可能不知道,说不定他的著作里就会论及他对中国文化乃至整个中国的评价,这些都是很有价值的,所以,她来参会并以此内容发言,是很合适的。

那次司佳来南京参会时候,身体不适,在我邀请她的时候,她一开始婉拒的另一个理由就是最近咳嗽厉害。后来,会议开始前一天,她出现在我面前的时候,我果然注意到她咳嗽不停,第二天大会发言时,她还跟全体参会者表示了歉意,说明最近咳嗽厉害,声音嘶哑,但是她一定尽量提高嗓音。现在想来,虽然在她往返于沪宁和在宁期间,我都做了细致的安排和尽可能的照顾,车辆接送自不用说,也安排了参加会务接待的研究生专门服务,但是我现在不知道,那时候的咳嗽,与最终夺走她生命的那个怪病,是否有关系,还是说那时候只是一次偶然的感冒引起的咳嗽。从会议报到当天晚上,我邀请若干好友去中山陵苜蓿园的南京大排档吃饭时候她的神情和留下的照片来看,她应该就是一如既往的活力四射的司佳,她的微笑是那么甜美,那么大气,那么灿烂。那次晚餐大家谈笑风生,美景、美酒、美食,对第二天的学术盛宴堪称是完美的铺垫,当天晚上 22:16,司佳给我发来微信:今天晚饭非常可口美味,谢谢!

在会议期间,我还劳烦司佳对我的硕士研究生何航进行学术考察,看看是否可以跟她读博,因为何航相当优秀,但是我们这里没有相关的博士点。司佳在微信上听明白我的意思之后,马上回复我:嗯,可以见面聊一下。随后,她向我转达了给何航的很多建议,比如报题目,要想好名称,最好跟农业、药材、典籍与近代中外交流有关系。最好是结合南农的历史,选择近代传教士与美国农业援华,他们(评委)一看有传教士,就会觉得跟我(司佳)收的方向有关,还推荐近代农业与基督教研究,看一下刘家峰的著作。在何航去拜访过她之后,她给我回复如下:王老师,学生来过了。很不错的学生,跟她简单聊了一下。她要申请我校博士的话,需开始准备材料了。农业大学背景,外语背景是优势。没有学过近代史方面的系统知识可能别人会有疑问。要发挥优势,把农业大学的历史材料收集好,同时赶紧补一些近代史、民国史的背景知识。到了 12 月 12 日下午 17:49,司佳又一次给我来信息,询问我:您这名学生开始准备申请材料了吗?我们的招生简章已列出。同时她跟我谈了读博的艰辛,一读又是四年,还需要发表两篇论文才能拿到学位证,否则只能拿毕业证,而且申请过程也不容易,博导多,招生名额少。司佳说得如此的细致,而且考虑得很周全,可见其热心助人的品德。

2019年1月11日上午9:26,司佳又发来微信:何航材料没有来吧?今天在看材料,没看到她的……我知道司佳一直把这件事放在心上,一直在关心,由此可见她做人做事的认真和热心,我相信这就是司佳给所有人展示的美好形象,也是她留在这个人世间的美好印象。虽然,何航同学最后综合考虑,选择了先工作,去年夏天入职上海海事大学,但是这个小小的插曲,可见司佳的为人热情的本色和成人之美的胸怀,对此,无论是我还是何航,都是心存感激的。所以,10月12日上午,我在中国学和汉学群里突然看到司佳英年早逝的消息之后,发给何航的第一条消息就是:司佳没了!何航的反应是:天啊!!怎么会。我们师徒二人,无疑,会永远铭记司佳的。

2018年12月14日,我在上海中医药大学参加《中医药文化》编辑部主办的一次学术论坛,司佳从朋友圈看到之后,给我发来一个消息:王老师在上海开会?热心肠重感情的性格再次彰显无遗,如同马军研究员在追思文章里所言,虽然对不太熟悉的人比较淡然,但是司佳对于熟人常报以笑容。而且,在我看来不是一般的微笑,不是淡淡的微笑,而是灿烂热情、甜美咧嘴的微笑,用英语说就是 a broad smile。之后,在微信上交谈了好一会儿,她得知上海中医药大学是在浦东而不是在松江之后,就立即热情地建议我可以出去转转,因为浦东还是比较热闹的。她还告诉我,这几天她得赶翻译,我知道她说的肯定是翻译汤因比的那本书。

2019年8月7日晚上19:39,司佳发来消息:王老师,请赐地址。我知道一定是她翻译的汤因比的游记中译本出版了,之前她答应给我签名赠书的。我也知道定名为《中国纪行:从旧世界到新世界》,因为已在中科院韩琦研究员的朋友圈看到她的译著。她回复我说,第一批只拿到了10本样书,下周会在正式书展上市,编辑部会给她一些,届时也劳我在朋友圈推一下,结尾是一个大大的笑脸,一如她的 broad smile,特别的温馨和亲切。虽然,最后赠书并未收到,司佳因此欠我一个签名,但我相信一定是因为那时候她已经开始与病魔在斗争因此而忘了,而我也由于各种忙碌没有去索要签名本。一周前的10月12日下午,我在京东下单购买此书,第二天就拿到了司佳呕心沥血完成的译作,而且应该是她这辈子的最后一部著作。**(补充说明:其实我是因司佳的英年早逝悲痛不已,以至于昏头昏脑忘了司佳给我赠书了,所以我现在手头有两册她的这部译著。2021年7月28日)**

2019年8月31日,南京市政府赠送丹麦奥胡斯市辛德贝格雕像揭幕仪式和展览在奥胡斯市举行,承蒙南京市政府新闻办的信任,我应邀以英语媒体协调员的身份随行,在雕像揭幕和展览活动的媒体公关过程中发挥了积极作用。雕像揭幕当天,我与司佳分享了这个新闻,但是也许我没意识到时差,而且,我那时候根本不知道她已经患病,她居然是在9月1日凌晨00:06给我回信:我觉得这个项目超有意义!又发挥您的专长,真是独一无二!现在想来,我觉得自己罪该万死,也许,我那个分享,打扰到了她的休息,但是,视学术为生命的她,一如既往的认真严谨,又热情大气,具有美人之美的胸怀,居然凌晨给我回复了。

2019年10月16日,我应邀在牛津大学人类学系做了一次学术讲座,关于17世纪来华传教士卜弥格中医翻译西传欧洲及其曲折的出版过程,回国之后做了一个微信推送报道了此次登上牛津讲坛的故事。考虑到这是中外文化交流史的研究范围,与司佳的研究方向吻合,我也是第一时间与她分享了报道。

进入诸多不顺的2020年,疫情暴发,从1月22日给我发送第一条消息开始,司佳与我就交流了许多关于疫情走势的消息以及各地的疫情防控措施。相信是在面对诸多不明确因素的情形下,出于对人类命运的关注,因此我们才有不少交流,她还建议我,近的地方就开车出去。坐地铁什么的绝对要戴口罩。她也高度赞成武汉封城的措施,认为如果不封城,明天可能就翻倍,还关切地问我,江苏有没有设立专门的发热门诊,口罩供应是不是紧张。字里行间,洋溢着对生命和人类命运关注的殷切之情,而且,我相信这既是因为司佳生性善良和富有同情心,也是她作为知识分子的忧国忧民责任意识的体现吧。而现在看来,那时候的她已经开始与病魔斗争了,但是与她的微信交流中看不出任何迹象。

司佳发给我的最后一条微信停留在了2020年6月30日,起因是我给她转发了我的一篇论文被北外学术期刊网评为我国外语教学高被引论文TOP10第二名,还有我给本院举办的线上学术讲座。两个新闻与她分享后,她回复我三个大拇指,还有一句话:线上很活跃呢。

从去年一整年到今年10月11日不幸去世,司佳在微信中与我的交谈,还有她的朋友圈里,从来没有提过自己的疾病,丝毫也没显示出任何异样(马军研究员的追思文章提到司佳今年4月10日在朋友圈发过她在医院打点滴的照片,我遗憾未能刷到司佳的这个微信朋友圈动态)。每次的交流都是积极的回复和热情的交谈,而且字里行间溢出她一如既往的认真、热情、负责、开朗和大气。我想,这充分展示了她出色的人品和素质,尤其是不愿意拿自己的疾病去打扰亲朋好友。同时,这也证明了她的坚强。她去世的不幸消息传出之后,学术界一片唏嘘,叹息连连,同时不少人揣测司佳肯定是相信很快就可以战胜病魔,重返她为之付出巨大心血和无比热爱的教学科研工作的,她还有很多精彩的学术故事和大家分享,所以,她不希望困扰于一场疾病并且因此打扰自己的好友。正因为如此,学术界众多好友都是被突如其来的消息打蒙了惊呆了,没有任何思想准备的情况下得知这样一个噩耗,心灵的震惊和悲痛悲伤之情更加巨大到难以形容的地步。北外顾钧教授和李真副教授每每谈到司佳在走向学术和人生的黄金时期的早逝，都是扼腕叹息，痛心痛惜，甚为伤感。在殡仪馆送别时候，我是打死都不愿意相信司佳已经离我们而去，怎么也不相信她会躺在那个盒子里，而是觉得才思敏捷才华出众的她应该可以热情洋溢滔滔不绝地分享她的最新研究成果。北外顾钧教授给我微信说：宁可相信她还活着，记忆永远停留在上次在南京的见面。我也是同感，觉得在下一个学术会议上，就会再次遇到动如脱兔活力四射美丽大方热情开朗才华横溢才思敏捷的司佳教授……

为司佳生命的过早凋零和才华的生生折枝而痛心不已的我接连很多天唉唉唉地叹息不已，因为我是见不得这样的人生悲剧的，我哀叹于上苍的不公，司佳那么有才，那么年轻，怎么可以剥夺她的生命呢。我总觉得想做点什么表达自己的心情，不只是感谢她在两年前对我主办的学术会议的大力支持，于是就在 15 日去了龙华殡仪馆为司佳送行。有人说，非亲非故的，未必需要送行吧。但是，我跟不少人说，首先，有情有义是做人的题中应有之义。再者，我为的是与司佳之间君子之交淡如水的友情，为纯粹的不掺任何杂质的纯真友谊，为的是敬重视学术如生命的纯粹的学者。在我有限的肤浅的了解中，在当下学术风气和环境整体堪忧的背景下，司佳是一个绝对难得的纯粹的学者，是一个不受制于功名利禄的学者。她的头上没有什么帽子和光环，但是胜于很多帽子吓人的所谓光环，因为她纯，因为她真，见诸她的认真，她的严谨，她就是为学术而生，她就是一个学术女神。一些学界朋友跟我发消息时的共识是，司佳虽然英年早逝，殊为可惜，但是她的人生有厚度，有高度，有精彩。也许，这样的共识，可以让我们这些朋友感到一丝宽慰吧。

当然，我为司佳送行，而且还用没什么文采甚至于很平庸的话语，记录下我与司佳只见过两回的 6 年交往过程，更是出于我对生命的尊重。以下两句话，在这几天跟不少人反复说了多次：

人生不是章回小说，没有且听下回分解！

人生没有下一回，从此不再迎面见！

司佳安息！愿天堂没有病痛！

2020 年 10 月 19 日下午

于北京返宁高铁 11 次

我一直都在想她是在某个我们不知道的世界里生活着

——纪念师母司佳老师

刘保云*

师母司佳老师跟张巍老师一样，任职于复旦大学历史学系。他们的专业领域一个在中国近现代，一个在西方古代，看起来相差甚远。对像我这样在世界史专业做研究的学生来说，若不是因为她是张老师的妻子，一般很少有机会能接触到她。尤其是随着历史学系的“专业英语”课程发生调整，我们在课堂上接触她的机会也基本等于零了。说起来，我应该是世界史专业最后一批选修由她给研究生开设的“专业英语”的学生。没记错的话，那是2012年秋季，当时她怀着身孕给我们主讲了半个学期的中国史部分，随后新入职的朱联璧老师接手主讲了世界史部分。也是从这个学期开始，历史学系研究生的“专业英语”按照中国史和世界史两个专业分别开设，学生们再也不像从前那样都集体选修由司老师主讲的同一门课了。

在上这门课之前，我听说司老师往年都会邀请张老师主讲一次英文学术写作，但那一年却没有这样安排，现在回想起来真是可惜。不过张老师的身影也并没有在这门课上缺席，司老师上课的时候总会时不时提到他，说起来中国史和世界史的差异，尤其是古典学研究的规范等，言辞之中洋溢着一种难以名状的情意。那种情意若说是爱情的流露，会显得有些失之单薄，可要说那是崇拜和敬意，又有把司老师放得太低的嫌疑。总之，很难讲，或许那是一种独独存在于学术伉俪之间的惺惺相惜。但可以确定的是，谈及张老师的种种，司老师永远都是引以为傲的表情。每每碰到这种时候，跟我一起选课的室友都会跟我交换一下眼神，我们的嘴角也会跟司老师一样抿起笑意。

---

* 刘保云，美第奇上海中心研究员。

当然，你只要见过张老师就会明白，司老师这样的深情厚意他应该当得起。我到现在都忘不了张老师第一次去给我们新生上课时大家看到他走进教室发出的惊叹声。注意，是惊叹，不是十几岁少年郎的惊呼。毕竟当时在座诸人都到了二十朝上的年纪，明里暗里都在学着故作成熟。但在张老师的气度面前，我们佯装的深沉一下子就都破了功，个个都像是小孩子见了什么稀罕物什一样，不知道说什么好，只剩下欣羡和感慨，不论男女。唯有复旦本校保送的学生有些例外，他们多少还会流露出一丝丝"少见多怪"的得意之色。学生尚且如此，作为另一半的司老师跟张老师在一起会有什么样的感受大概也不足为奇了。

不过你要是见过司老师也会清楚，就算有张老师这样的人品与才气，一个人得妻若此也不是自己能求来的福气。论美貌，论才学，论气质，论修养，论为人，论做事，不论哪一条，你都很难找到一个像司老师那样方方面面都出挑的女性。不同于张老师一向高冷，人称"巍神"，司老师随和又谦逊，活泼又热情，爱恨喜恶分明，像一个快意恩仇的女侠。碰到事情，尤其是张老师组织的活动，她总会帮忙出面打点，人前人后帮着料理，这在我刚去复旦读书那几年尤为常见。那时候，世界古代史方向的师资刚刚经历了一番调整，很多活动从头到尾都只有张老师一个人张罗，这往好了讲是大梁独挑，往差了说，多少有点独木难支的意思。我是从外校跨专业考入历史系的，对很多事情不甚了解，一开始以为这都是正常情况，后来才慢慢明白个中原委。事实上，在那段日子里，若没有司老师的陪伴和支持，张老师不知道还要耗费多少心力。

说到这里，我不禁想起第一次见到司老师的情景，那是在 2011 年 9 月份，也是很有趣。当时我刚刚进入复旦读书，张老师还保持着每年开学组织一次师门见面的传统。那一次见面快结束的时候，张老师跟我们谈及最近学校组织的活动，说有一位名叫叶文心的学者最近来复旦讲学，学术修养和气质风采都非同一般，还是著名翻译家严复的后裔，非常值得一见，即便我们专业领域不同，去听一听也肯定能有所进益。于是会后我们大家就一道跟他去了。这是我在复旦听的第一场讲座，现场坐得满满当当。

我在现场发现，除了主讲人叶文心女士，还有一位主持人也是女士。两位女士虽然年龄有别，但一样都神采奕奕，温婉轻柔，言谈唱和间举重若轻，流露着一种仿若浑然天成的雅致。这大概就是张老师所说的那种风采吧。我当时想，同时暗暗揣度着自己要到什么时候才能修炼得跟她们一样别有一番气度。如今看来，这样的念头当然幼稚得可笑，但在当时却的的确确激励着初出茅庐的我痛下苦功。那天张老师落座的位置就在这位主持人隔壁，对这样的安排我一开始并没有觉察出什么异样，直到活动结束跟其他同门一起回去的路上经大家指点才知道,原来这位主持人就是张老师的妻子,也就是我们的师母,司佳老师。

其实我们这些跟着张老师读书的学生平时很少用师母直接称呼司老师,多数情况下都是在跟其他专业的学生或者老师聊天时才会频繁使用这个词,而且往往还是由其他人先发起。我们当然不是嫌这样的词太过老气,跟司老师这样摩登的人不搭,而是觉得这个词会让人感觉我们之间似乎只有“她先生的学生”这层关系,因为这并不总是事实。对我们很多人来说,司老师可以算得上半个导师了,很多话、很多事情,张老师不愿意多谈多讲,顶多是点到为止的,我们要通过司老师才能知道详情。而且包括我本人在内,好几个张老师的学生都跟司老师有过直接的学术合作,给她做过助教或者是助研。

2014年夏天,我在司老师开设的一门暑期国际课程当助教,课上讲的主题是中国的革命与改革,我对此当然不陌生,不过这个领域的国外研究动态我却是通过她的讲授才开始有所了解。她的教材我至今都还保留着,若是有一天我的研究涉及这个主题,可以很肯定地说,这就是我的起点。司老师还做过一件事让我到现在都记忆犹新。她有一次专门打电话给我,教我怎么使用“的地得”。这其实是我的一个老毛病,张老师此前就多次说过,但我还是很容易忘记,每每下笔写东西的时候,往往会忽略这个细节,尤其是区分不清“地”和“得”。像这样属于小学生都会做好的任务,张老师不屑于多讲,只是反复提醒我回去多补课。司老师倒是快人快语,那次看到之后马上就打电话跟我详细解释了一番这三个字的区别,这一次我应该是真的记住了,至少我现在每次确定一篇文稿前,都会专门再校对一遍这三个字,看看有没有用错。

作为学生,我跟两位老师的交集大多数都是集中在学业上,对于他们私下的家庭生活了解并不多。即便偶尔碰到机会旁观片刻,也知道自己只是路过,不好妄自多加揣测。记得有一年光华楼失窃,很多办公室的电子门禁都失效了,要等后勤统一修好才能锁门。正好那段时间我天天在理科图书馆自修,有一天临近四五点钟打算回家的时候,刷朋友圈看到司老师发出的消息,吐槽张老师办公室的门到现在都锁不上,害得她也不敢走,不知道去哪里找人帮忙看门。于是我就问了一下她,要不要我去光华楼帮忙看一会儿。她很开心地让我过去,看到我进来还连声感谢,说她要出去办点事情,问我能待多久。我看了一下手表,说我计划五点半左右回去。她沉默了片刻,说没问题,她很快就回来,于是匆匆出门了。后来她果然在我们约定好的时间回来,让我回家。其实我刚跟她一说完就想到,或许她原本是想找个人替她多看一会儿,不过她听我说完却根本没有勉强的意思,依然让我按计划回去。类似这样的体谅和尊重，一直都是我跟两位老师相处的常态。我一直认为这很自然也很正常，理当如此，但在跟其他同学的接触和聊天中才发现，这种相处模式其实很让人羡慕。近几年新闻上会频频出现有关研究生培养模式的报道，我感觉匪夷所思之余，也会不由得感慨自己该是多么幸运。

认识司老师那一年，她风华正茂，我还不知道她就是我们的师母。我怎么也想不到，我还没有长到我们相识时她的年纪，她就会离我们而去了。每每想到司老师不在我们这个世界了，我总觉得有点不真实。不论是情感上，还是理智上，我都觉得这件事情不应该发生得这么早，这么快，这么突然。但事实上我也无比清楚，这件事情已经发生了。我们确实持着白菊，噙着泪滴，见过了她一个人躺着的最后一面。一切都无可挽回了。像这样的感受，我不知道还有多少人经历着，但对我来说，此时此刻回忆跟她相关的一切，我一直都在想着她是在某个我们不知道的世界里生活，才能克制住自己，保持心平气和。

忆司佳老师二三事

徐锦华*

2020年10月惊悉司佳老师去世,颇感错愕。之前知道她身体抱恙,后似有好转,8月份时,她还就她的学生查阅资料的事情和我联系,言谈中念念不忘,要学生打牢史料文献基础。

我第一次听见司佳老师,也是和史料文献整理有关。在2012年时,我的导师陶飞亚老师,提起在上海市史学会青年论坛上,听了司佳老师关于传教士阅读《圣谕广训》的研究,他给出了很好的评价,还要我们都去看看司佳的研究,学习其中的问题意识。

过了没多久,在一次研讨会上有幸结识了司佳老师。她扎实的文献功底,谦和热情的言谈让我十分钦佩。交流中她询问起关于徐家汇藏书楼馆藏的事情。很可惜当时对馆藏汉语基督教文献的整理刚刚开展,我没能提供什么有效的信息给司佳老师。当时司佳老师的爱人张巍老师有开拉丁文的课程,我询问司佳老师校外的人员能否去旁听,我有一位以前的同学想去学习一下,司佳老师提供了很详细的信息。

后来好几次在各类学术会议上遇到司佳老师,和她交流汉语基督教文献整理相关的问题,多有收获。她也十分热心,介绍了不少研究者来徐家汇藏书楼查阅资料,也促成了我们和几位研究者的合作。

2018年,上海图书馆举行《教会新报》影印本的新书首发活动,邀请了司佳老师作为座谈嘉宾之一,司佳老师精心准备了发言,给藏书楼的同事们留下了深刻的印象。2019年,在病中的司佳老师,给藏书楼寄赠了她的译著,还一直留心她指导的学生在藏书楼查阅资料的情况。2020年,在筹备"文明互鉴"展览时,这边新发现两种晁德莅的译作,当时我还向司佳老师请教,她还表示有机会要来看看这些文献,言谈中和以往一样,充满对生活的热情与对学术研究的热爱。

我和司佳老师的交往不算很多,也没有合作过,但有限交往中,她给我留下了"春风拂面"的印象。我相信,她的著作将长存在书架上,而她的音容笑貌也将长留在人们的心中。

---

* 徐锦华,上海图书馆研究员。

怀念司佳老师

肖　峰*

2016年11月23日，犹记得是一个雨天，我与赵荔红老师前往复旦大学，在光华楼见到了司佳老师。此前我在上海人民出版社申报了阿诺德·汤因比的一个作品选题 *A Journey to China*（经程龙教授推荐），这是汤因比早年在亚欧大陆的游记，尚未译成中文，我所在的编辑部和社里对此都很支持。但是彼时的我在上海尚“人生地不熟”，寻找合适的译者便成为难题。所幸赵老师帮忙联系复旦历史系张巍老师寻觅人选，接着确定由司佳老师来翻译这本书。赵老师领着我这个“新人”去复旦与两位老师碰面，遂有此行。

在光华楼先是见到了张巍老师，司佳老师稍晚一点来到。那天具体谈的内容已记不大清，只记得她说晚到是因为接了小孩——就是后来经常在她朋友圈里见到的那位可爱、天真的小朋友，她还问起了我的学校、专业和导师。此前旁听复旦一场学术会议时曾看到过司老师，从学术履历上得知她很厉害，没想到竟然能成为合作的译者。

A Journey to China 的翻译并不容易。司老师在邮件里是这么说的：“翻译过程比我想象中慢。倒不是语言难度问题（其实比一般的英语要难，英国人的叙事和用词风格，你可以翻一下）……感觉他（汤因比）后期添加了很多自己的主观认识与想法，所以并不是现在意义上我们认为的游记，而是集游览经历、学术问题、哲学思辨在一起的散文或杂文式的游记。有时因为需要把握正确的历史语境，他的用典，我需要查不少的历史事件辞典，不敢贸然判断（你可能也了解过，这部游记的前半部分以及最后的章节，跟中国几乎毫无关系）。”确实如此，汤因比的写作风格独特，涉及知识面极广。后来在几次通话时，司老师也口头上“吐槽”过这位老先生的文风。

实际上，语言和知识面并不足以难倒司老师，最大的困难在于时间，她确实太忙了。她

---

* 肖峰，光启书局编辑。

每学期要上好几门课，有留学招生工作，要顾着家里和小朋友，更有学术科研，翻译虽然在进行，但是一直是断断续续。2018 年初她告诉我，她在利用寒假翻译，甚至小年夜也在做。直到 2018 年 9 月，她告诉我，翻译已经完成了大部分，可以一边修订已完成部分，一边完成最后部分的翻译，与此同时，她还邀请了其他学者和她的学生帮忙校订。为了能保证质量完成，她还推掉了 11 月中旬在厦门的一个学术会议。

常规而言，出版社都是在稿件“齐、清、定”后才开始编辑出版，但是这次我与司老师采取了分批交稿的特殊办法。我们约定，她 11 月交稿前半部分，我收到后立刻开始编辑，她同时完成后半部分并在 12 月交稿，最后的两章在寒假完成，相当于我的看稿与她的修订工作是同步进行的。这样做也是迫不得已，因为国外出版社规定了中文版的出版时间，司老师不想耽误出版进度，决定用这种紧凑的工作方式。但我觉得这反而是一件幸事，因为我得以在某种程度上“参与”翻译，这次编辑的经历更像是一个学习的过程。

我们这种一边修订一边看稿的工作节奏持续到了大约 2019 年 4 月。中间因为时不时有修订发生，稿件经过了多次来回修改。回看那段时间，是一段长长的聊天记录，司老师发来信息的时间大多都是晚上，甚至凌晨一两点，信息都是书中内容的修订和疑问。2019 年 2 月 3 日，临近除夕，她还在晚上 9 点多发来消息，提出认为需要修订的地方，我说您还在工作啊，她说明后天休息。我当时顿觉脸红，她一定是在白天工作结束后，才能抽出时间来专心翻译，哪怕寒假的间隙也要争分夺秒。

在这个过程中，我也从她那里学习到了许多。由于汤因比知识渊博，喜好广征博引，文章里经常出现天南海北的地名人名，给翻译带来了不少困难。司老师在发稿件给我时，会标注出其中尚未解决之处，问我可否协同解决，有时候在翻译过程中会立即发来疑点。我自然竭力而为，尽力去查找、比对、核实一些专业词汇的出处和内涵，包括我觉得有必要充实和调整的地方，有结果就立刻与司老师商量，她会很快给予积极的答复，许多问题都是这样直接在微信交流里解决了。印象较深的有好多处，比如“督军”“督办”的音译、“浪漫国”的出处、德国公使卜尔熙等，包括中文版的书名《中国纪行：从旧世界到新世界》也是我们一起商定的。她的认真细致，让我见识到了她对热爱之事的热情与执着；她对某些词译法的斟酌、考虑，让我看到了她治学的严谨之处；面对我提出的一些疑问，她会不吝指教，很快给予解答；当我提到叶公超曾经写过这本书的书评时，她还请学生帮忙查找了原文给我。

按照计划，大约 5 月全部定稿，司老师终于可以不再频繁地修订，接下来她打算写一篇专门的译者序，完成校对，新书就可以在 8 月上海书展亮相了。我们都感觉“胜利就在前方”。5 月底，司老师还告诉我复旦有位瑞典学者来访，应该有值得出版的好东西，她大概也在设想接下来在近代中外文化交流方面做点出版成果。

可是万万没想到，坏消息也在此时传来。6 月 3 日，我接到司老师电话，说她正在住院，她没有过多描述病情，只是告知接下来要在医院待一段时间，嘱我将校样寄到她家中。我说身体要紧，书的事情再说，但是她依旧坚持在病房里完成了校样的通读，安排她的学生沈园园、孙晴依协助解决了修订。事后得知当时她的情况已经很危险，可是她表现得那么从容、那么乐观。原本约好的译者序也没空写，代之以一篇简短的致谢，她是用微信直接发来的，我猜应该是在病房里用手机逐字打出来的吧，这篇致谢，她前后也修改过五次。6 月 16 日，她告诉我晚上可以出院了，说在医院“睡得早也起得早”，还说下午医院“没啥人也没啥事”，就把最后一章校样看完了。

说《中国纪行》是司老师的心血之作并不夸大，尤其从书里包含的数首诗歌可见一斑。翻译过程中我曾提醒，书里面的几首诗不要遗漏，她告诉我“译了译了，包你满意”。后来孙青老师是这么形容这些诗歌翻译的：“她的心里竟能流淌出这么清澈的译诗……”“流淌”说得太好了。我重读这些诗，觉得她一定是全身心地融入了诗歌的意境吧，不然怎么会译得那么自然，每一首都能够映照出她自己的影子。

书开篇的那首诗，她是在住院期间发来的，一气呵成，没有修改。“俯仰之所见，道在其中矣”，不正是远渡重洋、求学问道的写照吗？

> 吾之游于亚细亚，疾风呼啸，
>
> 夏日炎炎兮，冬雪飘飘。
>
> 跋高山、履平川，去罗马而至中国；
>
> 俯仰之所见，道在其中矣。

第三十六章的标题为莎士比亚十四行诗第 65 首的节选，司老师初译时托我代查出处。我查后建议参照梁宗岱先生的译文“既然铜、石、或大地、或无边的海，没有不屈服于那阴惨的无常”来另译标题，五分钟后，司老师发来了意译的标题“铜与石，大地与时间”。虽然时间具有摧毁性的力量，但依旧有经得起时间考验的东西。这个标题竟然应验在了她自己身上——她的作品生命力常在，正如我们期许的那样。

第四十章“尾声”比较特别，全章就是一首诗。她早先已经译好，但是在出院后依旧不忘斟酌字句。在 7 月中旬临近出版之际，她说孙晴依同学发现了其中一个小问题，重新发来了修订版。“后会有期！”汤因比当年用这句诗告别上海，而这不也是我们想对司老师说的话么？

> 你是流淌着伦敦之泪的士麦那，
> 亦是饱受士麦那之惧折磨的伦敦，
> 繁忙、令人嫌恶的上海，
> 起锚了，我们谢天谢地！后会有期！

书最后那首诗是汤因比引用的，作为“从旧世界到新世界”之行的最终总结。司老师应该挺喜欢这首诗，她专门提到最后“月皎皎这句也很好”，这首诗“写得好”。

> 启明星，亮皎皎，
> 清光但请徐徐照，
> 直待吾辈心头喜事了。

多好的一首译诗，“清光但请徐徐照”，是啊，为什么上天要如此吝啬时日……我在电话里向司老师表示歉意，翻译工作肯定增加了她的劳累，她马上用严肃的语气告诉我，她是自愿也乐意参与这项工作的，让我不要这么想。

8 月，《中国纪行》在上海书展亮相。她在朋友圈晒出了与新书合影的照片。照片中她很精神，我想我与许多人一样，都认为她一定战胜了病魔。

2020 年，疫情打乱了所有人的生活工作节奏，但是我们都在努力地走回正轨。司老师的朋友圈时不时有更新，大多是她陪伴女儿玩耍的场景。这段时间我给她寄了几本新出的书，请她看了我写的文章，在书展期间把现场陈列《中国纪行》的图片发给她，她都很高兴地回以鼓励，在朋友圈做了分享。我以为她会越来越好。

7 月底，司老师来联系我，确认翻译合约的一些事项，隐隐有点安排后事的意味。我觉得诧异，但是没有多想，一方面是觉得司老师做事认真的习惯使然，上一年住院期间她也问过类似问题，另一方面是我潜意识告诉自己，不要往坏的方面想。我回忆起当时的一个细节，我提议说把需要的资料送到复旦，当面交给她，顺便看望一下她。她没有正面回答。事后得知,她当时应该已经在接受进一步的治疗,不便再与人见面。可就是在这样的时刻,她还特意提到,最近看到我写的一篇文章,说写得不错——多么可敬的一位老师啊,在自顾不暇的时刻,依旧不忘鼓励后辈;私下她一定经历了极其强烈的内心煎熬,但是她没有把悲伤和失落留给世界,而是从容、冷静地安排着一切,把正面的力量馈赠他人,正如她在致谢的最后所说的:"无论如何,这是一段虽然艰险却有着特别意义的时光。"汤因比说,研究历史就好比在黑暗中寻找微光,司老师做到了,她在艰险中寻求特别的意义,这是她身体力行地上的一课,无声但极其有力。

9 月份,《中国纪行》即将安排重印。我发去消息确认一些要修订的地方。她这次消息回得略迟。"可以,谢谢!"这是她回复的最后一条消息,这次,她没有使用那个惯用的"谢谢"的表情包。

遗体告别仪式那天,秋天的凉意令人回想起 2016 年在复旦的初次见面。我排在队伍的最后头。当看到大厅里展示的司老师生前照片时,我的眼泪,终于忍不住地流……

追忆司佳老师

傅 翀*

高中时乱翻书，特别容易被时代古老又地域遥远的事情吸引。大概是从季羡林先生的文章里，知道了一个叫梅维恒（Victor Mair）的美国学者——他研究的对象正合我意，从此成了我的学术偶像。但我怎么也不会想到，在我报考复旦时，冥冥之中决定了我会真的受教于梅先生的弟子。

"司佳老师是宾大回来的？"一开始只知司老师是常春藤毕业的，但她就正好是宾大的，那难道就是梅维恒的学生？对啊，司老师也是做语言接触的，我怎么才意识到！那是2007年，还是司老师刚刚入职复旦的时候，但学生中已是无人不晓了，而我也已经决定从哲学系转去历史系读研。一想到司老师是梅先生的学生，我不由觉得自己转专业的决定有了额外的收获。

2008年9月开学前，我拿到硕士第一学期的课表，看到司佳老师给我们开了"专业英语"的必修课。说实话，我还是很心虚的，因为当时我的英语在同学里顶多也就算中等，就会读一些文献，关键也不敢说都读懂了。本来想着多少在司佳老师面前挣个表现，结果遇上专英，行吧，也许我真的会申请出国读博士呢，英语还是得学好。

9月的上海尚只露出一丝寒意，而天色依然很好，不过专英的教室是在系里的那间大会议室，虽然上课的时间是在白天，却也并分享不了阳光。但踏入教室的那一瞬间，我觉得灯比平时更亮了，就因为司老师坐在那里。我当然知道美是司老师作为学者最不重要的特质，但它如此确凿。我大概是踩着上课铃进的教室，互相之间还不太熟悉的同学们已经占据了大部分后排的位子，我就坐在了前面。本来以我的英文水平，我是不敢朝前坐的。

司佳老师准备上课了，她也还是低着头，不知是不是在看备课的内容，还没说话就先笑

* 傅翀，复旦大学历史学2008级硕士。

了起来，“嘿嘿”的那种，很轻声的。原来老师也会有不好意思的时候。然后她说——半抬头——“哎，同学们好。我是司佳，这学期给你们上专英。”后来我知道，司老师说话之前，经常会浅浅笑一下，以之作为发语词。明明是在教你，但让你感觉到的是，她是在和你平等地沟通。当然一定要从年龄上论，司老师还真没比我们那一届学生长几岁。

司老师介绍了这门课的教学安排，我们要读《在中国发现历史》《历史三调》《寻求富强》，还有 *Silencing the past* 的原文。司老师已经帮我们复印好了她选的段落。除了阅读与翻译之外，每周我们还要自己选出选段里出现的固定搭配，通过自己模仿造句来练习，并交由她批阅，最后成绩考核还包括一次用英文完成的课堂报告。

这是我真正开始接触英文学术文献的起点。我算是一个喜欢读书的学生，再加上当时心里对留学的一点模糊的想法，回家之后就认真地一边查词典，一边查网上的资料，开始一个词一个词地准备翻译，同时也把原文中精炼的表达摘抄出来，费尽心力地造出和原句差不多的句子(我还记得我模仿的第一个表达是“pave the way for”)。

正式上课的时候，司老师会让我们一人一句，轮流着翻译，除了纠正我们的错误外，司老师还会详细介绍每篇文章里的关键概念——不仅是从英语的角度，而且是从史学史的角度。比如“subaltern”这个词，司老师就结合了研究拉美、南亚、东亚的史学著作，为我们讲解了这个概念在最近史学著作中的意义。司老师选的篇章，也大多是史家对史学编纂的反思，有史学史，更有史学理论。司老师透过英文文献所展示的历史学的深度与广度，不仅让我在知识的层面大开眼界，更让我在感性的层面生出了对史学这门学科的喜爱与尊敬。司佳老师对历史学的这种诚挚感情，让我至今思之动容。

除了对英文阅读与写作能力的培养，司老师还专门教我们英语写作的学术规范，每一处标点都不放过地批改我们每个人交的“bibliography”的练习。司老师传授的不仅是专业技能，更是对待学术研究的严谨与身为学术共同体之一员的责任感。

专英很快成了我最喜欢的课，每周殚精竭虑地完成作业，只希望能在课堂上吸收更多的内容。司老师不仅学识渊博，对学生更是一片赤诚，她几乎在我每周交的作业后面都会用红笔加一句批语，全是对我的夸赞。我当然知道司老师是鼓励居多，而并不是因为我当时英文真的突飞猛进，但我还是无比珍视，用专门的文件袋装起来，保存至今。司老师的鼓励在日后我每一次心灰意冷的时候，都是一束照亮我的光。后来我读到司老师在病榻之上的随笔，她说出院之后最大的希望就是赶紧回到讲台，不禁泪如雨下。我相信每一位受教于司老师的人，都明白她是如何热爱这三尺之地。

有这样好的老师,当然我英文的进步也自不待言,虽然我知道仍远配不上司老师给我的批语。而今我身在牛津攻读博士,我的学术英文阅读与写作的能力及规范,都是司老师一字一句打下的基础,这教我如何不想她。

司老师为了最大限度利用好专英这门课,还会请不同的老师来为我们介绍各领域的西文学术文献入门,我印象最深的是董少新老师的讲座,他当时为我们介绍的由 Brill 出版的 HdO(东方研究手册)书系,现在也成了我案头必备的参考书。待自己逐渐成为一名研究者,开始一层一层地复盘,方才真正懂得司老师当年备课时的各种苦心与远瞩,心中更是激起无限的惆怅。

我对司佳老师,可能还比其他同班同学更多一层感激之情。在司老师不断的鼓励下,我留学的想法也越发清晰。后来一次专英课后,我本来还是如平时一般嘻嘻哈哈地跟司老师聊最近看书的心得,但不知哪里来的勇气,我突然跟司老师说:"司老师……我很喜欢梅维恒先生,想申请他的博士,不知道您是否可以到时候帮我写推荐信?"我说完之后就做好了被回绝的准备,因为我知道自己比起当年申请博士的司老师,差得太远了,而司老师又是梅维恒先生直接指导的博士,我想要这封推荐信,现在想来都还想责备自己的莽撞,况且,那还是在我念研究生的第一个学期。但是司老师突然严肃了起来,本来我陪她走在回办公室的路上,她就拉我进办公室,对着还没有来得及完全收起嘻嘻哈哈的我,很认真地说:"傅翀,我可以帮你写推荐信,给梅先生。但是你一定要好好学习。"

我也很认真地答应了。虽然后来我没有申请宾大,而是去了德国,但司老师答应为我写推荐信这件事,一直为我所深深感念。对于刚上硕一的我来说,司老师对我的应许,首先是莫大的激励,其次也让"留学"成了一件具体的事,而不再只是一个虚无缥缈的念头。但凡念及自己留学的缘起,我都会想起当时司老师的办公室——我还记得书架上摆着司老师学生时代和周振鹤先生的合影。

除了专英之外,我还有幸与司老师"同学"过。那是夏伯嘉(Ronnie Po-chia Hsia)先生第一次受邀来复旦历史系访学,也是在 2008—2009 学年的时候。夏先生给研究生开了一堂小课,是用英文讲授西方当代史学源流,从年鉴学派一直到微观史学。本来我实在不相信自己的英语,但司老师一直鼓励我,甚至最后"勒令"我去,我也就报名了。事实证明,这门课对我的影响深远,特别是在夏老师指导下对年鉴学派的研读,至今仍然在帮助我理解历史,哪怕我研究的对象并不是欧洲。而这又何尝不是得自司老师的远见呢?然而当时最出乎我意料的,是司老师每节课也会来听讲,并且和我们一样会低头记笔记。如果不是因为我上了她的课，我断认不出这是另一位老师。我记得司老师在之前也是有一门课的，所以每次她会迟到一小会儿。最后结课时，夏先生让我们每个人讲学习的感想，没想到轮到司老师的时候，她也很自然地接了过去，讲了自己上这门课的心得。当初司老师浅笑着对夏先生说她也是来听课时，我就知道她绝不是在故作谦虚，而是她对“求知”本就抱有简单但澄澈的赤子心。

再一次遇到司佳老师，已是在我从复旦毕业的四年之后了。2015 年 12 月，香港中文大学翻译研究中心主办了第一届“中国翻译史国际研讨会”，我的一篇研究鸠摩罗什的论文得到了录用。当与会学者名录在网上公布时，我一眼就看到了司佳老师的名字，她的报告题为《十九世纪来华新教传教士的翻译策略与翻译观——以米怜为中心的讨论》。当时我就激动地与和我同组的学友姚达兑、吴晓芳介绍了司老师的研究与学问，当然，我的介绍是多余的。就我自己而言，能够再次亲炙司老师所带来的开心，甚至盖过了能和她参加同一场会议的荣幸。第一天上午的茶歇，我就跑到司老师跟前，向她汇报了自己最近的动态，她很开心地跟我说，哎呀我也看到你的名字了。她还同周围的其他老师介绍我，说，这是我的学生哎。后来，我就去听了司老师的发言。她的研究一如既往绵密而新见迭出，其中对翻译过程中“中间人”的研究对我极具启发，让我对佛教译场的组织有了新的认识。司老师的分会场结束后，有很多港中大翻译系的学生都围着她请教，她如对我们一样仔细地解答，还推荐了进一步阅读的书目。等到学生散去，我冒昧着问司老师可不可以合一张影，司老师哈哈一声说，这有什么可不可以的。我忙说其实毕业的时候就想和您合影来着，但班上同学都不好意思，我也就不好意思了。司老师听后，又笑了起来，说，哎哟那我们再拍一张好了。现在这两张照片竟已成了念想，提醒我司老师的离去。明明拍完照之后，我还和她说着下一次再在会场上相遇，再向她汇报自己的进步，还在说着她当年叮嘱我的好好学习，我须臾没敢忘。

其实，我还并不是司老师直接指导的学生，我只是上过她的课的无数学生中的一员。司老师对教学全心全力的付出，从她对我一直以来的教导与鼓励中，我想，也足可见一斑了。

凤飘飘其高逝兮，固自引而远去。古代印度人认为，只要世间还有人在读一位作者的书，那么这位作者就可以在天堂继续无忧无虑地生活。我愿意相信这是真的。这样的话，司老师就可以在天上、在云间一直做她喜欢的事情。

如果将来我有机会讲授专英这门课，我会告诉学生：这门课的内容与规矩，都是司佳老师定下的。好，我们开始上课。

谁念西风独自凉

沈园园*

谁念西风独自凉？萧萧黄叶闭疏窗。当时只道是寻常！又是一年秋风起，我却再也见不到这位指导了我四年的老师了，只能在这里，用苍白无力的文字，回忆与老师相处的点点滴滴，聊作缅怀，遥寄心香……老师生于夏日，逝于秋天，可谓真正意义上的"生如夏花之绚烂，死如秋叶之静美"。这篇文章的初稿是我在夏朵咖啡馆里完成的。记得 2018 年司老师第一次提出约个饭聊聊的地点，便是夏朵，但因为各种不凑巧，我们第一次约饭是在旦苑的清真餐厅。此后也数次一起吃饭，却始终没有机会约一次夏朵。去年 4 月还与司老师提及此事，想着来日方长，可人生无常，有些遗憾，错过了，便是一生……斯人已乘黄鹤去，此地空余黄鹤楼。时间如白驹过隙，转眼，老师离开已经快一年了。故人长绝，往事却总会在不经意间浮上心头；而她从前对我的照拂，也总在关键时刻发挥着作用。读她的书，那充满着真知灼见的论文，那闪耀着天赋灵感的译文，我在涌起对学术的温情与敬意的同时，也愈发佩服她和想念她。老师的遗愿之一，是让我们这些学生从她满架藏书中挑选自己所需要的。在感念之余，我也暗暗下决心，好好利用这些图书资料，像老师勉励我的那样，"做原创性的研究"。如此，才不负师恩，不负如此慷慨的"馈赠"。

并不是我偏爱他，没有人不爱春风的，没有人在春风中不陶醉的。因为有春风，才有绿杨的摇曳。有春风，才有燕子的回翔。有春风，大地才有诗。有春风，人生才有梦。

并不是我偏爱她。

---

* 沈园园，复旦大学历史学系硕士研究生。

正如陈之藩纪念胡适的文章中所写的那样，没有人不爱春风的，没有人在春风中不陶醉的。司老师是我的导师，也是我的春风，虽然“春风就这样轻轻地来，又轻轻地去了”，但，曾受教于座下，便是此生幸事。

起初知道司老师去世的消息我是懵的，听了两遍才听清，打开手机一看，铺天盖地的“节哀”，我才意识到发生了什么，如晴天霹雳一般，我来不及悲伤，又陷入了迷茫。原来，最深刻的想念竟是这般无言，最深刻的痛苦竟是这般无助。

我们是实行本科生导师制的第一届学生，所以大二的时候司佳老师就是我的导师了。她绝对是我们系主页做得最精美的老师之一，非常详细的学术CV，金光闪闪的履历，还贴心地附上了论文的PDF版……当我看到“中国近现代史、中西文化交流史方向。研究兴趣还包括上海近代城市社会，出版史、文化史及阅读史”和“全英语课程教学，尤其注重在授课内容中强调中英文原始资料的解读与运用”等介绍的时候，脑海里只回荡着一种声音：“就是她了！”

此后蒙她不弃，做了她的学生。老师的论文我基本上每一篇都读过，虽然当时读不太懂，也没有什么学术积累，对中西文化交流也仅仅停留在感兴趣的阶段，但渐渐地，我发现，那些我上大学以前几乎一无所知的研究对象突然变得生动鲜活起来，学术志趣也愈发与老师一致。从专业英语到近代中西文化交流文献选读，还有她指导我写的学年论文……老师以身作则，言传身教，让我见识到一个学人最美好的品质，也让我觉得做研究是一件有趣的事情。在老师的耳提面命和潜移默化之下，我开始认真思考以此为志业的可能性。保研面试通过后，怀着非常忐忑的心情请求老师指导我的毕业论文，并表达了继续跟她读研的愿望。老师回了一个“OK”的表情，她的云淡风轻让我的小心翼翼尘埃落定。

老师对学生极其负责。我的毕业论文是接着她的博士研究往下写的，她就把她博士期间在上海档案馆所作的笔记供我参考，从中我也得以一窥老师治学之严谨精勤；她还鼓励并推荐我去巴黎高师人文硕士班，在学习法语的同时，也打开了我的学术视野……

去年毕业论文答辩的前一天，老师特意发微信给我，说自己因为身体原因不能去答辩现场了，我问她有什么需要注意的，她说“你口齿清楚一点就好啦”，亲切可爱接地气。后来拿了优秀，第一时间就跑去告诉她，希望她开心，病能好得快一点。然而通过她的朋友圈我才知道，老师不是什么小病，是从鬼门关走了一回啊……6月8日那天是老师的生日，她让我把《中国纪行》的译稿拿给她，在病床上完成了终稿的校对。治学若此，令人感佩！其实我以往所见之司老师，都是光彩照人的，聪明而理性，而那一天，我送花给她的一瞬间，她竟然当着我的面哭了——原来老师也会有这样脆弱的时刻,就愈发害怕麻烦老师,只能在学业上自己多上点心。司老师说过,教学相长,薪火相传,她热爱讲台热爱教学,热爱学生热爱课堂,我所取得的点滴进步,或许都能让她欣慰一点吧。怀着这样单纯的信念,仿佛只要我努力一点,老师的病就会早好一天。然而,病魔无情,我所做的其实现在想来,真的毫无用处。在生命进入倒计时的时候,学术、工作、名利……真的还重要吗?如果知道她会走得这样突然,那我一定会劝她不要那么辛苦。这一年多以来,虽然她没有来学校上课,但并没有停下学术上的脚步。去年暑假,我协助她校订完梁发的《日记言行》;今年4月,她以良好等第结项了国家社科基金;今年7月,她还指导一个非洲留学生顺利取得硕士学位……作为一个如此年轻的学人,她在学术上一定还有很多未竟之志,直到她生命的终结,她都不改学人本色。虽有憾,但可以无悔……

老师是个"报喜不报忧"的典型,她太坚强,坚强得让人心疼,默默地承受所有的痛苦,把最好的状态展现给外界,所以知道她生病的人屈指可数。所谓弹硬,所谓体面,司老师作出了最好的诠释。而对于我,老师并没有隐瞒太多,却也总是往轻了说。在她流连医院的这一年间,她居然从头到尾没有说过半个字不带我。8月底的时候,她的病其实已经很严重了,她先是帮我安排好了新学期开学后的各种事宜,事务性的和学术性的;又特意为我查资料的事情联系徐家汇藏书楼的老师;还专门来听了我在复旦大学第一届研究生学术论坛上所作的报告,并在最后进行了一番现在听来意味深长的点评,仿佛知道自己来日无多,隔空对学生提出鼓励与期许,而一想到那是她最后一次出现在与学术有关的公开场合,便更觉弥足珍贵;她明明说过自己白天会头疼,却还是在论坛结束后问我要了文章去看,并难得地给了"写得很好"的评价,天知道我当时有多开心!9月份的时候她还读了我的开题报告,并在医院里打电话给我,指出了一些可以改进的地方。我何德何能,能得老师厚爱若此,实在心中有愧……以往每一次我被老师感动到,必定会发表一番要好好努力不辜负老师的豪言壮语,但是如今,她再也听不到了……

我永远无法忘记第一次读到导师专著后记那种相见恨晚的感觉。老师说她很庆幸自己在二十多岁的研究起步阶段,得以在业师的引导下进入这一历练文史基本功的领域。而我,也同样幸运地在她的引导之下初窥中西文化交流研究的门径。她之于我,就如同周振鹤老师之于她。她是我的 career model,是我心目中女学者最好的样子,让我觉得这是一份值得热爱并奋斗的事业;也是我的 role model,她就像一个标杆,又像一面镜子,让我自惭形秽,也让我勇往直前。

我的导师绝对是个天才。她1995年由上海华东师大二附中考入复旦大学第一届文科基地班时才17岁，一看就是接连跳级的学霸；硕士就读于史地所，师从周振鹤教授；发表的第一篇论文是2000年上吴松弟老师课时的课程作业；博士以写作接近满分的托福成绩和经周先生指点的研究计划书，获得了多家海外大学的录取，最终选择了给她全额奖学金的美国宾夕法尼亚大学(University of Pennsylvania)东亚系，指导教授是著名汉学家梅维恒(Victor Mair)和韩书瑞(Susan Naquin)等。她仅用了五年就拿到了博士学位，要知道，北美文科博士毕业的平均年限是6—8年。在国外找到教职、工作了一年的她以人才引进的方式回国任复旦大学历史学系副教授时，也才29岁。此后各种人才项目她拿了个遍，参加了许许多多国内外学术研讨会，2010年还赴日本关西大学开展了为期一年的G-COE项目博士后研究。她不断拓宽着自己的学术版图，论文一篇一篇地写，研究一点一点地做，朝着"学问上的中西交流与会通"而努力；2016年评上教授时，她还不到不惑之年……很难想象这么厉害的人居然成了我的导师，以至于我跟她做研究的初期，还常常恍惚，觉得像梦一样。随着交往的深入，我发现她不仅有天赋，还极其认真和努力，让我自叹弗如，极其可爱和亲切，让我如沐春风。而她面对疾病的乐观和坚强，面对生死的豁达与通透，让我心痛惋惜之余却又对她肃然起敬。我常常和老师说很幸运成为她的学生，这不是装腔作势的溢美之词，这是对一个了不起的学者发自内心的赞叹与敬佩！只可惜如今，没有机会再说一次了……

启明星，亮皎皎，
清光但请徐徐照，
直待吾辈心头喜事了。

这是老师译作中她最喜欢也最得意的一笔。去年她的生日在长海医院的病房里度过，她说对明年生日在一个正常的地方度过抱以极大的期许。而一次次经受着非人的折磨，积极配合治疗的她，今年生日那天，也确实如愿了。她在复旦校园里骑着共享单车，心情如那天的阳光一般明媚。祝她生日快乐的那一刻，我还满心以为，一切都会越来越好……教师节我还送她礼物祝她节日快乐，国庆节她和我还有微信往来，我不知道的是，导师那时的生命，已经开始进入倒计时……

原来，雨过不一定是天晴。

原来，我还是看不开别离。

无论我多么不敢相信，无论我多么不想相信，她就这样离我而去……我再也听不到她的循循善诱，再也看不到她的明媚笑颜。霜余已失长淮阔，空听潺潺清颍咽。欲寻陈迹怅人非，天教心愿与身违……

斯人已去，斯文在兹。我的导师，不仅是一位优秀的学者，更是一个大写的人。她像那银河星星，在每一个学生心中照耀过……老师的精神会永远激励我，她永远是我最好的榜样和最想念的恩师！

愿她安息。愿她永存。

谨以此文纪念她。

2021 年 8 月 22 日

怀念司佳老师

孙晴依*

人生某种程度上来说就是一场不断学会告别的旅程，然而有些再见却来得如此突然：我从未想过自己从历史学系毕业三个多月，就要与自己的本科导师永远地道别。

2018年1月16日的午后，我第一次见到司佳老师。那时，大二上期末考试方才结束，历史学系的同学们确定了各自的学业导师，司老师则把我和另一位同学约在复旦大学光华楼15楼的星空咖啡厅见面。我与同学均提前到达咖啡厅，而我至今仍旧记得，当老师远远地向桌子走来时，她自上而下散发着一种平和与熟悉的魅力，仿佛一位已经与我相处多年的班主任，并没有那种初次相见时可能存在的距离感。那次与导师的见面持续了一个小时左右，印象中老师每句问话的语气都是如此亲切。记得在交流中我随口提及自己寒假会在上海展览中心做一个与历史相关的社会实践活动，老师听罢随即表示很有意思——老师总是如此善于给予学生肯定，这也是我在日后与老师交往时的最大感触之一。

关于那次见面其他具体聊天内容的记忆已略显模糊，但还有一个感觉我一直没有忘记：在确定导师前的一段时间里，我曾一度有转专业的想法，却无法打定最后的主意。我有着本科毕业后继续深造的信念，然而大一、大二的通识课程学习让我时常感觉自己畅游在人文学科的大洋中，领略了众多分支学科的风光，却尚未决定要在何处上岸。而在那次和老师面对面聊天过程中，我脑海里"转专业"的声音似乎越来越轻。司老师的话语仿佛有着某种力量，它使我愈发觉得自己愿意跟着这位老师继续在历史学系完成本科阶段的学习，并且对接下来的两年半充满了期待。

第一感觉果然是准确的。尽管从2018年初的见面算起，我与老师相处的时间不到三年，但老师自始至终尽心尽责地关注、指导着我学习生活的方方面面。回想起自己在本科

---

* 孙晴依，美国加州大学洛杉矶分校东亚研究硕士研究生。

阶段各方面的成长，其中有许多与司老师相关。作为导师，司老师首先给予了我不少可以提升能力的锻炼机会。大三下时，老师曾建议我做她计划开设的一门暑期国际留学生课程的助教。起初我有些犹豫，总觉得自己的能力或许不够，但在老师的鼓励之下我还是决定接受这份挑战。可惜的是，这门课最终因为老师的身体原因而没有开设。不过在种种机缘巧合下，我在同年暑假成为另一门课程的助教。在那一个多月的工作过程中，我时常会想起老师所给予我的这种冲破舒适圈的勇气。

同样在大三下，老师给予了我另一个极为宝贵的机会，即协助她完成《中国纪行》部分翻译稿的校译与加注工作。诚然，那一段时间是忙碌的——从三月中旬到五月中旬，我与老师几乎每天都有着微信消息的往来，而针对部分译文的斟酌则一直延续到七月。但也恰是这一段时间里，我每天都有着新的收获。译文语气的一致、中英文表达结构的变化、中文用词的规范与重复性规避……老师一步步地带领着我认识翻译学术著作所需要注意的各种问题，也正是这一段实践让我深刻感受到老师的严谨细致。校译加注的工作固然不轻松，但这之中亦有很多趣味，其中有核查信息"踏破铁鞋无觅处"后突然发现材料时的成就感，亦有遇到棘手翻译后灵光乍现时的喜悦。协助老师的过程中还发生了不少有意思的小故事，例如我们曾遇到了 sedate pleasure 这一表述，这个词组在文中指代一种泰然而成熟之感。那时我恰好得知老师的微信头像就是她小时候的照片，而这照片中的小孩越看越有一种 sedate pleasure，于是我便和老师分享了自己的这一想法。老师回复了"哈哈"和大笑的表情，随即又加了一句"现在倒没有了"。当然，随着小插曲的结束，老师很快发来了新的翻译问题，新一轮的讨论修改又开始了……这部 2019 年 7 月由上海人民出版社出版的译著是老师的呕心沥血之作。在译著出版后，老师仍旧会不断重复审视部分翻译。直至去年 9 月，老师还在微信上与我讨论原文某些表述的译法。

本科最后两年是明确未来发展方向的关键时期，而在这方面，司老师也给予了我莫大的帮助。惭愧地说，我的学术兴趣点一直在游移，但不管我选择了哪一个方向，博学多才的司老师总能准确地助我前行。大三上时，我和司老师提及自己对于民国时期英语教科书的兴趣，老师则提示我去接触尽可能多的教科书；而大三下，在得知我对于电影史的兴趣之后——尽管这一领域与老师个人研究关系并不大——司老师第一时间给我推荐了重要的相关研究著作，并安排了我与同济大学中文系的汤惟杰老师见面。

我较早地明确了自己出国读研的意向，而在了解我的想法后，司老师和张老师立即热心地为我争取到与外国教授的见面机会。此外，司老师也会给我分享与研究生联系导师相关的公众号推文，从各方面让我为即将到来的挑战做准备。大四上的申请季拉开帷幕后，即便老师此时仍旧处于养病期，她依然愿意担任我出国留学申请的推荐人。得益于老师的帮助，我的申请季也画上了一个相对圆满的句号。记得注册新学邮时，我发微信和老师说，看到邮箱后缀名不是“fudan”了，还有些不适应。老师回复道，“那真的是一个全新的世界”，紧接着又发过来一句“要在自己最好的年华里努力”。

当然，申请季的落幕并不意味着一切尘埃落定。一方面，大四下的课业与毕业论文的任务并不轻松。从 4 月份开始，我的论文也进入了写作冲刺阶段。尽管此时司老师不再是我的论文导师，但她仍持续地关心着我论文的进展，并在答辩前祝愿我能拿“优秀”——最后自己也有幸拿到了。另一方面，众所周知的疫情以及其他各方面因素打乱了一批准留学生的计划，去年的 8 月底 9 月初，一个个不同的抉择摆在了我的面前。在身体抱恙的情况下，老师仍旧关心着我的情况与各类最新政策，并给我打了一通通的电话，给予我种种建议和指导。现在想来，那段时间老师打电话关心我的次数甚至超过了我对于她身体情况的主动问候，心中总有些愧疚。

事实上，在与老师相处的时间中，我们的交集已不再局限于校园，也正是这些交流让我看到了教师身份以外的老师：

记得 2019 年的青年节，我需要和老师交接材料，老师便提议见面后顺便请客吃个饭。到达汇合点后，我激动地发现还有张老师和小朋友。那天是在一家粤菜馆共进的晚餐，吃饭时聊了很多，那天的菜也很好吃。

记得暑假做客老师家中，老师总是会拿出各式各样的水果与点心招待。回想起来，那一个个午后时光都是甜甜的，也是弥足珍贵的。

记得在得知我学车后，老师便和我分享了自己驾考时的趣事，而在知道我科目一通过时，老师微信发来了胜利的表情和“Amazing”一词。事实上，作为笔试的科目一相较于后续路考而言难度并不高，但老师没有放过任何一个可以给予我鼓励的机会，这也是她一如既往的态度……

不断扩大的交集让我看到了老师更为多样的角色，而不同身份背后都有着一颗热爱生活的心。老师的脸上常常挂着一抹笑容，那笑容带着肯定与鼓励，带着理解与宽容，还有一种由内而外的知性之美，而这些笑容也常常见于老师的各类照片。我与老师的唯一一张合影摄于 2020 年 6 月 29 日。那天，老师驱车带着换上了学士服的我与小朋友一起到了江湾校区的大门口。刚下的阵雨打湿了地面，天空似乎还飘着一些细雨。小朋友为我和老师拍下了一张张合影,照片中的老师笑得很美。

回想起来,生病期间的老师似乎从未在我面前流露出低落的情绪。2019 年 6 月 19 日,病理报告出来的前一晚,司老师和我通了语音。手机的另一头,老师用相对轻松的语气和我说了可能的情况。也正是在那通电话中,我第一次从司老师的口中听到那一个大家都不愿意说的字。三天后的晚上,司老师再度与我通了电话,但她依旧没有在电话中表现出悲伤,而是坚强乐观地与我讨论着暑期的计划——倒是我在挂了电话后,眼泪不住地流了下来……有时,老师也会和我分享一些自己生病时的思考,而让我无法忘记的是去年暑假老师在医院给我打的一次电话。在电话中,老师与我说了自己住院时的心得体悟,老师说她和我分享这些是希望可以尽到她作为导师的职责。因为信号、病房环境等各个因素,那一通电话其实并不是很清晰,但老师电话那一头压低嗓子所发出的每一个音都叩击着我的心弦……

关于老师的回忆很多都来源于微信聊天记录——感谢这一现代技术,它帮助我们保留下了许多珍贵的交流痕迹,不过这也是十分残酷的。一条条的语音消息将老师的音容笑貌还原得如此真切,仿佛老师并未离开……翻看微信聊天记录,我与老师的最后一次对话停留于去年 9 月 10 日。教师节时给老师闪送了一束鲜花,因不方便放卡片,我便没有留名。而当日下午,我收到了老师的消息“我知道这是你送的”。我回复了一个表情,又加上了一句“老师节日快乐!”怎知,这一消息往来竟成了我们最后的对话。微信聊天记录定格于教师节,但或许就像师姐所说,这也是一种别样的美吧,因为教师一定是老师最自豪的身份与最向往的追求。司老师,与您相识相处的时间并不算长,但这一段旅程让我成长了太多,对此我将永远心存感激。我相信,未来一定充满着更多的挑战与未知,但我会一直记着您以教师的姿态为我点亮的这一段路,并会带着那句“要在自己最好的年华里努力”继续前行。

“老师节日快乐!”微信对话中的最后这一句,将是我在每一个教师节给予您的祝福。

2021 年 7 月 29 日

秋天的纪念

——关于司佳老师的点滴回忆

李秀芳*

10月12日下午浏览网页，一则新闻跃入眼中：复旦大学历史学系42岁女教授司佳逝世。震惊之下赶紧点开，黑白照上的她斜坐在沙发上，脸侧过来对着镜头，眼睛亮闪闪的，带着笑意，平静美好，还是当年给我们上课时的样子。怎么能跟死联系起来呢?！不相信，匆忙地去朋友圈看看，已有多位师友发了哀悼司佳老师的信息，看到一行行悼念的文字，除了震惊、痛惜，我分不出心里的各种滋味，即使现在写下这些文字的同时，依然不知道该如何表达这份深深的哀叹、悼惜之情。"既痛逝者，行自念也"，是此刻的真实感受。

我是2008年入学的硕士生，当时司佳老师大概刚回国不久，开硕士生的专业英语和中国近现代史课程(是不是还给博士生和本科生上课，不清楚，所以只说我自己知道的)。专业英语是必修，都要上，中国近现代史是我的专业课，也必须上。历史系2008级硕士班除了司佳老师带的一位男同学(也是司佳老师的第一位硕士生)外，上司佳老师课的，我应该属于多的，但是经过十多年的岁月磨洗，留下来的只是几个片段，尽管如此，我仍愿意将这些不太清晰的片段记下来，作为对司佳老师的一点纪念，与认识或不认识她的人来分享。与司佳老师的第一次见面应该是我们硕士复试时，司佳老师作为英语口语测试老师，照例会在每个考生读完要求的一页英文后问几个问题。因为紧张，这次复试除了对冯筱才老师还有印象，其他老师已不复记忆，因为当时冯老师问了好几个问题，我都答得磕磕巴巴，出来后懊恼不已，所以对冯老师记忆尤深。

真正对司佳老师留有印象，还是在课堂上。专业英语要求每位同学都做一次PPT，其目的除了查看各人的英语掌握情况，更重要的是锻炼学生口头阐发自己观点的能力。上第

---

* 李秀芳，上海巴金故居馆员。

一节课我们就要选定自己做PPT的时间,我因为英语基础差,所以选在学期快结束时,但一直对此惴惴不安,对于PPT的内容也没有头绪,后来选了京剧中的脸谱作为内容,简单介绍它的起源,不同的脸谱在京剧中有什么寓意、对人物的塑造有何作用等等。因为时间仓促,有些专用名词不知道英语怎么说,只好用它的汉字拼音。本来口语就不好,一紧张就更不知所云,所以PPT一开始可以说"惨不可言",司佳老师应该看出了我的窘迫,她笑着打断我,说:"英语应该不是这么说吧?"我说:"应该不是,做得太匆忙,没有去查相关资料核实。"可能回答得太实在,司佳老师笑得更大声,我紧绷的神经也放松了下来,后面的部分比较顺利地完成了。后来上中国近现代史,有一次系里邀请一位学者来做讲座,是关于中西文化交流的,司佳老师希望我们周末尽量抽空去听听。当天听讲座的人很多,我跟很多人是站着听完的,提问环节,我举手被选中,提了个小问题。这是我第一次在这么多人的注视下说话,有点紧张,说话结巴,正好司佳老师回头,看到我,眼神里有肯定,让我的胆子壮了不少,清楚完整地把问题表达了出来。我是跨专业考过来的,自己基础本来也差,所以三年的学习,一直有临深履薄的忐忑,但是上司佳老师的课,除了课上课下的紧张,也有一些从容和愉快,这是此刻回顾起来仍能感受到留存心底的这份温暖与美好。是老师的平易、笑语盈盈的样子,还是不凡的学术经历让我心生崇敬?可能都是。

毕业后,学校图书馆对往届生的要求是只要凭在校时的一卡通或者学生证都可以登记一下进去查阅资料,所以我曾无数次利用这种"优容"去校图书馆查找资料,也多次回学校旁听有关老师的课,还曾几次去历史系资料室查阅过资料,但一次也没碰到司佳老师,留在记忆中的还是在校时司佳老师的样子,清新、美丽,眼睛闪着光……司佳老师病逝的消息让我跟许久不联系的朋友又有了联系,谈到此事都相对黯然,我说如果真有一个上苍存在,为什么不让她的生命更加丰满,学术成就更加丰赡?"焜黄华叶衰",而司佳老师还在盛年啊,有多少学术课题还有待去完成,有多少美好的心愿还未实现,所有的所有都在这个秋日里随着她的陨落而做了不可了结的了结,面对这种无常,当复何言!司佳老师的追悼会因为出差,我没能参加,返沪途中跟同行的一位老师谈起,虽然这位老师并不认识司佳老师,我还是忍不住将自己记忆中的点滴跟这位老师说了起来。交谈中,这位老师忽然问我:"这位司佳老师对人是不是很冷?"可能这位老师从新闻和朋友圈知道了司佳老师的学术经历,认为学术背景这么好的知识分子应该很"高冷"。我说:"就我的接触而言,我没有觉得司佳老师冷,其他方面也没有跟司佳老师有过接触,但从为人师方面说,司佳老师是位好老师。"我认为上过司佳老师课的同学都会做出这种回答。

写下上面短短的文字，除了纪念司佳老师，还存着另一个心愿，希望它能勾起一些人对司佳老师的回忆，也用文字记下那些美好过往，一起送给远去的司佳老师，作为对她的一份纪念。

2020年10月20日于沪上

（原载于“明德史馆”公众号，2020年10月21日）

亮皎皎，徐徐照：追忆司佳老师

黄修志*

秋光如此迷人，气温仿佛仲春时节，“凄然似秋，暖然似春”。明晃晃的暖阳照在墨绿未褪的树叶上，倏然一片叶子落下来，在空中缓缓旋舞。“让她跳完她的舞，让她跳完她的舞，现实太狭窄了，让她在芭蕾舞中做完尘世的梦。”望着窗外的这一幕，不知为何想起了庄子和叶芝。

视线从窗外转向书桌，难得享受一个安心自在的上午。翻着微信朋友圈，看到复旦陈文彬老师刚刚发了一条带照片的状态，我脑子“嗡”了一下，好像有个人在提问：还记得她是谁吗？她现在怎样了？我愣愣的，逐字读着陈老师说的话，读了三四遍后，突然意识到这条状态在传达怎样的信息，赶紧在微信里问：“陈老师，您刚发的状态是什么意思……”我继续往下翻朋友圈，又见到博导邹老师和其他同学发的黑白照片。我翻着读着，眼泪直流。一会儿，陈老师在微信里回复：“她病逝了。”

泪光中想起许多往日时光，在那段旧时光里，有司佳老师，有同窗好友，有青春的归途，有梦想的启航。但最让我记忆犹新的，是我们初逢和倾谈的画面。

记得 2009 年 9 月初，在复旦北区体育馆报到时，汪丽红老师对我说：“你们的辅导员还没到，我现在暂时替你们保管材料。过段时间你就要转正了，到时你们辅导员会召开支部会议的。”当时我们历史系 2009 级博士班大约 26 个人，参加完开学典礼，见过了导师，我们一直在想这位辅导员是谁呢？大约在 9 月中旬，我们终于见到传说中的司佳老师。其实，我已不记得第一次见到她时是什么场景了，现在查阅复旦学号邮箱，看到一条关于 9 月 22 日下午在光华楼西主楼 1901 召开系领导见面会的通知，也许就是在那时，司老师在别人的介绍和我们的掌声中缓缓站起身微笑点头？我只记得当时大家第一次看到她时应该有一种

---

* 黄修志，鲁东大学文学院教授。

“从天而降”的感觉。她留着半长的头发，穿着淡雅的简装，大大的眼睛忽闪忽闪，吹拂起春风十里的明亮笑意，若隐若现的酒窝在清丽和知性之上又添了些许的俏皮。这一切都提醒着我们，这是一位深游于学术、岁月、异国却未被“皴染”的女博士。9 月 23 日，我们收到她的第一封邮件：“大家好！我是司佳，2009 级博士生班的辅导员。很高兴今天能够见到大家。新生开学事务比较繁多，感谢大家的配合。现有两件事情通知大家……本周四晚我将走访一下寝室。女生寝室 7 点至 8 点左右，男生寝室 8 点至 9 点左右。”

翻开我在复旦读博的日记本，2009 年 9 月 24 日写道：“从书店回来后，在宿舍楼旁遇见皇甫秋实骑车迎面而来，遂打了个招呼，她叫住了我，说 9:00 左右司佳老师会来男生宿舍了解情况，男生要把三卡三表一证填好。正忙着填表填卡，皇甫打电话说已到了。司佳老师在宿舍的客厅里与我们交谈了有一个多小时。”读着这段日记，我已经不记得“三卡三表一证”为何物了，也想不起司老师与我们交谈的详细内容，不禁感慨“当时只道是寻常”的事情被如此疏略地一笔带过。但我依然记得她与我们交谈的画面。记忆中，我把 7 楼的柯伟明、舒铁和 4 楼的段志强、梁万斌、罗毅、林盼以及对门的葛会鹏、康凯、刘铭都叫过来，与室友顾晓伟、严宇鸣、成富磊在宿舍客厅里会合。司老师先参观了下我们四个人的宿舍，逐个询问男生们的大致情况和研究方向，聊了下学术研究尤其是博士论文的撰写经验，介绍了近期班级要开展的一些工作和计划。大家欢声笑语一个多小时，男生开着彼此的玩笑，司老师大方地笑着。

在那三四个月的时间里，司老师不断给我们发着各种邮件，从一卡通办理、助学助管申请、博士生论坛、秋游计划、学术会议信息、国际交流到甲型 H1N1 流感疫苗、支部会议等，帮助我们度过在复旦的适应时期。记得 11 月 13 日在 1801 教室，司老师主持支部会议，班内党员和非党员同学几乎都参加了对我的转正评议，宋青红同学负责记录。司老师笑着说：“修志，你的人缘不错啊！这么多同学都来了，而且大家对你印象都这么好。”她继续说：“我和大家都知道你特别爱写东西，虽然现在你的文笔还比较稚嫩，但我希望你能一直这样纯粹地写下去。”

后来，司老师通知班级需要有两位心理联络员，宋青红得知我有过教育学、心理学的学习背景，便推荐我和李娟担任。司老师在邮件里说：“两位，首先感谢你们为班级出力，心理问题现已经成为研究生管理工作的一个重要方面，希望你们平时多关心同学的思想动向，并能多跟我联系。”当时复旦很重视心理联络员，我们俩还常定期到叶耀珍楼接受培训，培训结束后领到了专门的结业证书。不久，我们班某位男生突然情绪大变，记得有天深夜，我们预感事态比较严重，我就赶紧给司老师打电话说明情况，司老师让我们做好安抚，次日一早，她就跟我联系了解具体情况，并约谈这位同学，及时缓解了这位同学的心神。

好像是因为这次事情，司老师跟我联系得渐渐多了起来。记得有次因为班级的一些事情去光华楼见她。走进她的办公室，我专门看了下她的书架。书架上大多是英文书，摆着一张她和周振鹤老师的合影。聊完班级事情，就开始闲聊起来，大约闲聊了一个半小时。她问："修志，你导师是邹振环老师吧？据说邹老师是邹逸麟先生的侄子，是吗？"其实我后来才知道她的硕导是周振鹤老师，算起来是我的师姑了。现在看来，那天上午的闲聊已经是一个静静的画面了，她的办公室在光华楼的阳面，秋光照进室内，窗外延伸着外滩连绵起伏的高楼，东方明珠电视塔清晰可见。我滔滔不绝地说着最近的读书感受，好奇地问起她在宾大读书的经历，她则回忆着一些往事，说起梅维恒、韩书瑞两位指导教授。她说："修志，其实我也是山东人，老家在临沂，但从小在上海长大，那已经是一个遥远的故乡了，很久没回去过了。我以前读书的时候，经常背着包去旅行，走来走去，漂来漂去，故乡的概念越来越薄，性子里反而变得随遇而安。"

11 月 22 日已是小雪节气，我们班却在郑重其事地开展秋游，想想觉得有点好笑却很温暖。出发前，司老师说："同学三年，不如同行三天，所以这次秋游非常值得。"那天中午，司老师和我们先来到北区附近的小天府餐厅聚餐，而后从江湾镇乘轻轨到宜山路，换乘 9 号线来到七宝古镇。七宝古镇不是很大，却游人如织，大家很快就三三两两地消失在人海中了。转来转去，偶尔隔着一个陌生人的肩膀又看到了司老师寻觅同学们的眼睛；左顾右盼，偶然又瞥见司老师在请几位同学吃着青团。印象中那是我们和司老师的唯一一次出行，我们也拍了和她的唯一一次合影，冬阳下，我们感觉她笑得最美。

记得凛冬时节，她在邮件里一边嘱咐我们一边追忆往昔："新来上海的学生也许不太适应，不过读书可能就是这样的——什么都俱全了，留给你精神思考的空间就小。我还记得我留学初到费城的那年冬天很冷，早晨可达零下十多度。一日早上醒来门口积雪及膝，一时竟不知如何踏入。现在回想也是蛮有意思的。"但她不仅是温和的，也是锐利的。记得同门林盼在开题报告之前，邹老师先邀请几位老师点评，司佳老师一针见血地提出了修改建议，令邹老师大为赞叹，也让我们深受启发。

博一对我来说是异常艰难的，因为我从武大文学院跨专业考入复旦历史系，只能笨鸟多飞，要付出足够的努力逼着自己从一个史学爱好者转变为一个专业研究者。那一年，在书海中，我觉得时光煎熬又飞逝，不知不觉窗外已是蝉鸣如瀑的夏日。读书之余，宿舍的几位同学常走到光华楼前的草坪上一边吹风，一边遥望夕阳中的草木和云霞。就在一个黄昏，全班在校外的红辣椒餐厅请司老师吃饭，因为她要赴日本访学了，这意味着她不再是我们的辅导员了。那匆匆一年的陪伴，对我们而言是异常珍贵的。

接替司老师的辅导员是陈雁老师，带我们从博二到博三两年，后来是马建标老师带我们到博四毕业。在这四年里，我们最常回忆的是三位老师支持或陪同我们穿越春夏秋冬的四次旅行，春天是在苏州城，夏天是在杭州、绍兴，秋天是在崇明岛，冬天则是与司老师一起在七宝镇。等到司老师从日本归来后，我们很少再见到她，偶尔可能会在校园里见到她依然春风般的笑脸。记得 2012 年 6 月，复旦举办“中华书局与中国近现代文化”国际学术研讨会，我参与了具体的会务工作，晚餐时跟司老师坐在一起。司老师问我：“修志，都博三啦？”我说：“马上博四了。”闲谈一小会儿，她参与到与其他老师的讨论中了，只听她幸福地说：“龙宝宝，我今年都能赶得上。”

就这样，四年复旦生活随着 2013 年夏天几位同窗把我送上一辆出租车而结束了。当绿皮车缓缓驶出上海南站，我从未想到，此生永远不会再见到一些人了。

记得 2018 年年初，司老师在微信朋友圈转发了一篇我写的随笔，并加上一段评论，大意是：想起我当时带过的这些同学，根本没让我担心，因为我相信他们将来肯定会做得比我要好。

“午梦千山，窗阴一箭”，看着灵堂里她仿佛回到“青春欢畅时辰”的黑白照片，以及皇甫秋实和段志强代表全班同学敬献的花圈，再次眼圈湿润。想起前段时间韩国师妹李惠源曾问我关于传教士人名翻译的问题，我在邮件里回复她说，你可以继续问下邹老师和司佳老师。前几天我把讣告发给惠源，惠源回复道：“修志……谢谢你传给我司佳老师的事……我很吃惊，什么话都说不出来……那么年轻，那么漂亮，那么聪明的司佳老师……怎么会突然……”

高晞老师说，天上会有一颗叫司佳的星。司老师确诊后在病床上仍然在认真翻译校对著名历史学家汤因比的《中国纪行：从旧世界到新世界》，她在书末有一个简短的“译者致谢”，除了致谢家人、同事、学生和周振鹤、梅维恒两位老师外，还最后致谢了长海医院的医生，并说“无论如何，这是一段虽然艰险却有着特别意义的时光”。当时光进入倒计时，我们的司老师在校对之余会想些什么呢，牵挂着张老师和心爱的女儿，回想着曾经如汤因比般跨越东西方的旅行？上海人民出版社认为“司佳教授投入极大的心血，贡献了她的学术智慧，使得这部近百年前写成的作品首次与中文读者见面”。汤因比在此书中写了数首诗歌，司佳老师翻译为中文，其中一首短诗据说是她最喜欢最得意的作品：

启明星，亮皎皎，

清光但请徐徐照，

直待吾辈心头喜事了。

写完这篇追忆已是深夜，我望着窗外夜空中的星，问自己：作为一个史学研究者，你真的在记忆和现实的交错中还原了一个真实的史学前辈了吗？其实我不敢保证自己的追忆不存在失序、断片、错讹，虽然我也翻阅了许多邮件、日记和相关材料。有人说思想史有重复性、回忆性与修复性三种模式，但若回归到个体的心灵史中，其实我们对一个人追忆时的心态，有时比追忆内容更为重要。毕竟如钱穆先生所言："其实死后无知。在死者自己，或许并不知他自己之死。则每一人心里，在其生前，其实是只有生，没有死，但在其他人心里，则知他死了。换言之，也只是在活人心里知有死，因而为他悲哀，吊祭他，纪念他，还好像他没有死般，岂不他依然仍活在其他人心里。"

现实的她变成了黑白照片，但我们记忆中的她，永远是鲜活的、彩色的，她的目光与我们在复旦奋斗的青春同在。就像一首歌："每一寸目光交错成无言片段，在心底里还有今生无解的忧伤，只因相遇匆忙将那时光随青春流放，看城外水色山光都已被你笑忘……"

2020 年 10 月 19 日写于烟台芝罘

（原载于"明德史馆"公众号，2020 年 10 月 19 日）

致我最亲爱的姐姐——司佳

沈晓圆 *

二〇二〇年十月十一日,庚子年丙戌月丁亥日,时间永远定格在此。

我最亲爱的姐姐——司佳,与世长辞。

或许您更习惯于大家叫您“司老师”,但对于我而言,您是我最亲的亲人,无关身份。

小时候,我们总喜欢跟在您后面,翻翻您的书,模仿您的字,听听您讲学校的故事。您从小才华横溢,记得您小学时就是学校的小记者,中学时更是出类拔萃,已经作为学生代表参观访问当时还未回归的香港。

您学业不断跳级,永远都是班上年纪最小的学生,教过您的老师都以您为骄傲。几所顶级中学都争相以优渥的条件邀请您去本校就学,因为,这是他们的荣耀。

您 17 岁进入复旦大学文科基础班,18 岁加入中国共产党,在同龄人还刚进入高中阶段的时候,您早已开始了大学生涯。23 岁获历史学硕士学位,师从赫赫有名的周振鹤教授,同时以全额奖学金赴宾大攻读博士学位,28 岁获博士学位,留任宾大。29 岁回国任复旦大学历史学系副教授,时为复旦大学历史上最年轻的副教授,38 岁晋升教授,博士生导师。

您的学术成就早已不是常人所能企及,您为学校、为社会、为国家做出的贡献非三言两语就能说尽。您早已从我们身边的学习榜样成为社会乃至为整个学术界所尊重和爱戴的优秀人士。您的步伐太快,以至于我们只能望而却步,抬头仰望,然后默默努力,然而人生的成绩不及您一分。

您的足迹访遍各国,您为不同国家的求学者授业解惑,您与世界各地的同行研究者潜心交流。您全身心投入在留学生项目中,桃李遍布世界。您为您的著作和译作倾尽心血,您为您的教育事业奉献了您的一生。

---

* 沈晓圆,司佳表妹。

我曾去过您在光华楼的办公室，与钱文忠老师同室，您让我随便坐，我却紧张到不能自已。我看着您俯首作业的案桌，列满书籍的书架，我深知那是个遥不可及的领域。我跟着您在复旦校园里游走，与熟悉的师生打招呼，我知道这对您来说再正常不过，而对于我，在您身边是种荣幸。

经常听您说一些家常，闲时碰面聚会，从来都是最普通的家长里短。您的成就领域我们无从进入，也觉得那从来都是您信手拈来的事情，直到您逝世的消息传遍社会和媒体，才真切体会到，您的社会影响力如此之大，您的科研成就影响力如此之广。

这大概就是亲人吧，您在我们面前永远是一个大姐姐，亲和温雅，而我竟还没有拜读过您的任何一部著作，实感惭愧，我还没有亲临现场听过您的一次课，深感遗憾。您最新出版的译作《中国纪行：从旧世界到新世界》已经在我的书架里列着，我不知道何时能有勇气翻开这部作品，读您字里行间的心血和生命。

我知道您不甘心，您还有很多事情没有完成，很多计划没有实现，但请您放心，您的事业会有人替您继续，您的奉献永远会被记在世间。

亲爱的姐姐，

太阳不及您的光辉，星星也不如您耀眼，

您将永远在我们身边，

请您安息！

妹　圆宇

2020 年 10 月 13 日

附：朗宓榭、徐艳、内田庆市、邹振环、陈雁纪念文字

纽伦堡艾尔朗根大学朗宓榭教授、徐艳老师

我们非常震惊！这么优秀的一个女性，走得这么早。寄上我们深切的哀思，愿她一路走好。

日本关西大学内田庆市教授

10 月 11 日晚上我突然听到你的噩耗，很吃惊，很悲痛，一时没有话可说。这么年轻，这么漂亮，这么优秀的你，为什么这么早走啊？天妒英才，但是我恨天的无情。你到我的学校当博士后是十年前的事情，后来我们的学术交流一直继续到今天。你是我的学术研究，特别是近代语言接触研究方面真正的接班人、继承者。我一直期待着你今后的研究成果。但你在半路上倒了，真遗憾，真可惜，真痛心！我只愿你在天堂安息。我永远忘不了你，怀念你！

复旦大学邹振环教授

司佳是我教过的第一届文基班的本科生，徐英瑾、刘文楠、盛丰等都是她的同班同学。她硕士阶段师从周振鹤先生，我们又成了同门师兄妹，所以她经常或称我邹老师，或叫我师兄。送别系里更年轻一辈远行的，好像还是第一次，非常悲伤。祝司佳一路走好……

复旦大学陈雁教授

最后见你是 6 月，你那加纳学生硕士论文答辩，我还夸你气色很好。上周犹豫再三，还是没去医院看你，那么要强爱美的你，一定不想让我们看到你无助的最后。一路走好……

学术文选

西人对汉语拼音的催生作用

将现有的汉语拼音方案往上推，追溯用字母对汉字注音的历史进程，比较一致的看法认为其第一个“历史分期”便是西洋人的汉语译音，相应的系统之作有 1605 年利玛窦(Matteo Ricci)的《西字奇迹》及 1626 年金尼阁(Nicolas Trigault)的《西儒耳目资》。然而以往关于“汉语译音”方面的论述既没有穷尽这个时期西方人士关于汉字注音的著述材料，亦没有指明这些字母注音材料对以后的“历史进程”究竟有何影响或作用。本文基于笔者近期整理的有关近代中外语言接触的材料，特别是 19 世纪始由西方传教士编写的一些英汉-汉英字典中的材料，试论证西人对汉字注音的尝试实乃对汉语拼音方案有着一种“催生”的作用。这种“催生”，不仅指在时间发生上产生了一定的推力效果，同时在表现形式上也体现出一种承继性的相似。

一、“催生”概念的提出

汉字方块字的外表往往和“表意文字”的定义联系起来。也有人对这种“定义”提出疑问，但至少就现代汉语来说，方块字的外观是不足以支撑一套表音系统的。成为现代汉语中“表音系统”的汉语拼音方案并不随着汉语本身俱来，我们知道，现在使用的这套汉语拼音方案是 20 世纪 50 年代的产物。在此之前，传统音韵学是用“譬况”“读若”“直音”或借助两个字音的反切，来提示人们对字音的认识的。但是这些方法实际上并不能对汉字读音的每一个特定的音位加以标示，因而缺乏统一标准和内部稳定。所以就“亲疏关系”而言，用拉丁字母表示的汉语拼音方案缺乏一种与传统音韵学的承继关系。

那么为我们今天所广泛使用的汉语拼音方案究竟是在什么模式或思想上演变发展而来的呢？国内关涉汉语拼音发展史或汉字改革运动研究的学者前辈们大多对这些问题作

过“历史分期”，如陈望道先生《中国拼音文字的演进》[1]将其分为“西洋人自己便于学习汉字的时期”“随地拼音、专备教会传道之用的时期”和“用作普及教育工具的时期”。然而陈先生的这种“分期”似乎已将用于拼读汉字的“拼音文字”作为一种固定成型的样式，同时讨论它在价值使用层面上的“演进”了。事实上，现代汉语中用拉丁字母表示的汉语拼音方案，其发展演变过程并非一帆风顺。《西字奇迹》和《西儒耳目资》标志着拉丁字母成系统地进入成为拼读汉语的辅助工具，而到了清末，国人的多种以汉字笔画拼合的“切音字”办法又相继出现，之后又有 20 世纪 20 年代前后“注音字母运动”及“拉丁化运动”的反复，最后才到 50 年代时有了汉语拼音方案的选择、修改、确立。

周有光先生《汉字改革概论》一书将汉字改革运动的进程的“历史分期”定为“历史前奏”(即西洋人的汉语译音和教会罗马字)、“切音字运动”、“广义的拉丁化运动”、“汉语拼音教育的普及和汉语拼音文字的成长时期”，给读者勾勒出一个拼音方法演进的大致过程。但是周有光先生仅将“西洋人的汉语译音和教会罗马字”列为“历史前奏”是不够的；西人的这些零散之作并非对汉语的一朝一夕之见，其流通传播的结果也不只是提高了西洋人自己学习汉语的水平。王开扬先生《汉语拼音方案——中外智慧的结晶》[2]一文中将汉字注音的历史进程分为“雁行式”的两条道路，一是局限在汉语汉字内部的“系统内注音法”，另一个是借用外来字母的“系统外注音法”。前者包括“譬况法”“读若法”“直音法”“反切法”和“注音字母”，后者有“外国传教士和外交官的注音方案”及“中国人自己制定和推行汉语拼音方案”。王先生的文章给我们分理出汉字注音的两套符号系统，却没有涉及这些系统和形式之间的脉络关联。在讲到“19 世纪的整整一百年间”洋人马礼逊、威妥玛的拼音方案时，用了“越俎代庖”这一修饰词，不知是否算作对这些人工作的定性?

对于西人在 19 世纪的汉语译音著作，周有光等仅注意到了最早的一部英汉-汉英词典，即 1815—1823 年马礼逊(Robert Morrison)的《华英字典》，并将其作为“方言教会罗马字”队伍中的一员。究其实，《华英字典》中马礼逊对他所举的中文例句中每个汉字的读音用 26 个英文字母进行摹写的工作最有价值。因为后来麦都思(Walter Henry Medhurst)的《英汉字典》等在述及对汉字的拼读办法时，都提到他们是受到马礼逊的影响和启发，并进一步对一些细节之处加以改进。这些字典词典并非当时社会上的流通读物，对汉字拼读的优越性也只有洋人们自己才能够体会，于熟谙母语的广大国人依然十分陌生。但是，这些阶梯性的

---

① 转引自周有光：《汉字改革概论》，文字改革出版社，1961 年，第 18 页。
② 王开扬：《汉语拼音方案——中外智慧的结晶》，《语文建设》1998 年第 4 期。

工作对19世纪70年代始出现的“威妥玛式”的拼音方案有着很大程度的影响，并且后来还不断有传教士和威妥玛(Thomas Wade)讨论，至20世纪初方才出现了“威妥玛-翟理斯式”(Wade-Giles)方案。这些方案都是用拉丁字母表示的拼读现代汉语的一套完整的系统，因而不能不说它们的雏形，即作者要在这里详述的19世纪马礼逊、麦都思等传教士所编的字典词典中的拼音模式，以及威妥玛、翟理斯等西人所做的规范工作事实上是对现代汉语拼音方案起了一种“催生”作用。现代汉语拼音方案当然不是直接从洋人的这些工作中搬来的，但从字母形态及声、韵、介母相区分等特征上来讲，洋人的译音、拼音工作确是一大堆丰富的“历史素材”。这些“素材”不是生硬的表皮、僵死的书面符号，而是贯穿于汉语拼音发展过程内部的历史脉络，因而我们不妨把这种影响的过程称作“催生”，而不是“前奏”“越俎代庖”或其他。

二、时间进程的“催生”

用字母作为汉字注音的工具乃基于明末清初“西学东渐”的史实。利玛窦、金尼阁的著作打破了一套以一个汉字或几个汉字作为相互参照的内在自足的读音体系，是有系统地以拉丁字母作为汉字注音的开始。利氏和金氏都是早期西学东渐中的重要人物，他们在语言学著作和其他学术著作中的思想常为当时的一批不囿于传统礼教的士大夫所接受。对汉字的标音也是如此，如《西儒耳目资》就给当时一些文字学者很大的启发。方以智认为“如远西因事乃合音，因音而成字，不重不共，不尤愈乎?”杨选杞则“阅未终卷，顿悟切字有一定之理，因可为一定之法”①。

在话语交流的过程中，语音是不属于语言的内在实质的。布龙菲尔德在《语言论》第八章“语音结构”中指出：“一种语言中重要的不是发音方式。说话人的动作，空气的震动以及听者耳膜的颤动本身是无关紧要的。”②这种看法是就某种特定语言内部，即在一个完好封闭的自足系统之中交流时而言的；而当一个完全隔膜于某种语言(甚至是同一种语言中的不同方言)之外的人欲进入其中时，恰恰相反，他首先关注的不是其他，正是这不属于“内在实质”的语音。因为只有通过读音才能区分特定的词义，将能指和所指对应关联，进而掌握另一种语言(方言)的意义系统，使相互交流成为可能。因而无论是明末清初的天主教传教士，还是19世纪纷至沓来的新教传教士，只要传教布道的任务迫在眉睫，就必须首先掌握汉

① 转引自凌远徵：《新语文建设史话》，河南大学出版社，1995年。
② 商务印书馆，1980年，第150页。

语的读音，才能试着与广大民众发生面对面的交流。

然而汉语对这些传教士来说，光靠他们对拉丁字母的娴熟技巧及日耳曼语系的语言天赋是远远不够的。第一部英汉-汉英字典的编者，英国伦敦会传教士马礼逊在 1822 年出版的英汉部分的首页就专门编写了一篇以英语为代表的有关拼音文字的简单介绍，名为《英吉利国字语小引》。他虽以自居的身份大谈其母语在"切字"上的优越——"相连生字句不尽其数也"，却又无法忽略汉语这"形义之字"的特点；汉字虽不能表音，学习的人须"音义俱心记"，但也有它的长处，即"字样恒存而不以各地语音不同而辄要更改"。于是乎，这位编者就设法将英语的 26 个字母与读音相近的汉字对照起来，还附带指出"此汉文字音不过略似英文字母切音"，因而学习汉语的人"勿听人口传言"。

这些漂洋过海的传教士的母语皆字母语言，因此在标示汉语的语音时也就自然用上了他们母语里的拉丁字母。这里不讲利氏、金氏两种大著，集中到 19 世纪诸新教传教士所编写的英汉字典，无一例外都在中文解释的后面添加每个汉字的读音，如我们在今天的英汉或汉英字典中可见到的对英文的国际音标注音一样。唯一的差别是当时这些字典的主编们远不可能采用一套标准的系统，大多在序言或导言中将自己接下去要用的标音符号作一番排列和解释，如用符号 a 即英语 father 中 a 音表示汉语"啊"的读音，用 e 代表 yet 中 e 的音以对应汉语中相近的音等。马礼逊就是以 26 个英文字母的读音用"摹写"的办法对中文解释的每个字读音进行标示，以便后来者学汉语时拼读模仿的。随便举个例子，EARN(赚得、赢得)此词的释义中有一个例句是 How much can you earn in a month? 你可受几多工价一个月? *ne ko show ke to kung kea yih ko yue* 中文解释后面的斜体字就是对每个汉字的标音。"摹写"的依据大体按照他在字典各卷导言中所列的 17 个"字母读音"(sounds of the letters)，没有区分声母韵母等，却附录了对汉字"四声"的解释。

马礼逊的这种"摹写"汉字读音的办法使 19 世纪初到中国南部沿海地带的传教士们获得了一个学习汉语的范本。如果没有这些音义同存的例句，马礼逊的字典编得再大再全，也仅是一部只能懂得汉语的人获得更多知识的"百科全书"。相继而来的传教士在短期内依然避免不了类似地通过"洋泾浜"贸易而获得零散词句学习的状况：没有专门的学校和规范的教科书，有一种可称作"schoolmaster"——类似"通事"的中国人专在商店等发生贸易交换的场合教买卖双方数字的讲法及一些基本的事物的名称①。因此马礼逊的这一工作屡

① Jargon spokern at Canton, *Chinese Repository*(《中国丛报》), V.5 pp.428-435.

屡被后来编写字典的洋人所赞同并效仿，有的还在此基础上加以改进。从1874年美国公理会传教士卫三畏(Samuel Wells Williams)在《汉英韵府》的导言第二部分所做的字音整理工作来看，在他之前的 Bridgeman、Goddard、Jenkins、Yates、Edikins、Bonney、Maclay、De Guignes、Callery、Goncalves，Douglas、Doty、Devan① 等人都作过对汉字拼读的工作(其中一部分是为拼读方言而作的)。此外，还有1872年美国公理会传教士卢公明(Justus Doolittle)在福州编写出版的《英华萃林韵府》及翟理斯(Herbert Allen Giles)的《英汉字典》(1892年第一版、1912年第二版)中所作的详细的读音排表。

三、表现形态的“胎盘”

自《广韵》中出现“反切”注音法，汉字获得了通过两个字音相切来拼读第三字的办法，这可以说是“拼音”的滥觞。因为“反切”是从梵语中来的，梵语是拼音，反切自然也是。但是这种“拼音”最多只能做到声母和韵母相拼，至于韵母或声母里面还可能细分成哪些部分，仅凭汉字本身作为一个符号系统的话，是无法归纳出我们现在所讲的“韵头”“韵腹”及“韵尾”的。汉语拼音在音节拼法上曾经采用过“声介韵”三拼法，如辛亥革命后总结切音字运动而产生的“注音字母”。周有光认为“三拼法使介母独立，这是汉语拼音方法从反切法解放出来的一次重要改革。这一改革使它离开声韵双分的传统概念而走向现代的音素概念”②。的确，注音字母在“形”上虽与汉字有关联，但它有着一套不同于汉字本身的符号系统，所以使对应标示汉字读音的细节成为可能。然而，这里要指出的是，这种使“介母”独立的拼音方法的思想，在1847年传教士麦都思的《英汉字典》的序文中已经出现了。

麦都思所用的表音法承继了马礼逊的思路，却不是把马礼逊表音法的内容字字句句照搬。麦氏对当时通行的官话字词详加考察，尝试着将每个汉字的读音分成“前中后”几部

① 这些人的中文名字和代表著作依次如下：裨治文，*Chinese Chrestomathy in the Canton Dialect*(《广州方言范文》)；高雪山，*Old Testament in Romanized Ningpo Colloquial*(《拉丁字母宁波方音旧约》)；秦右著，罗马字拼音《大学》《中庸》《论语》，前两者为官话，后者为沪语；晏玛太，*First Lesson in Chinese*(《中文初课》)；艾约瑟，*A List of Syllables reading and colloquial sounds of the Shanghae Dialect*(《上海方音文读、白读字汇表》)；邦昵，*Phrases in the Canton Colloquial Dialect*(《粤腔习语》)；麦利和，编榕腔新约圣经及榕腔神诗；小德金，*Dictionaire Chinois, Francais, et Latin*(《汉法拉字典》)；加略利，*Dictionaire Encyclopedique de la Language Chinois*(《汉语百科词典》)；公神父，*Diccionrio China-Portuguez*(《汉葡词典》)；杜嘉德，*Chinese-English Dictionary of the Vernacular or Spoken Language of Amoy*(《厦门方言汉英字典》)；罗啻，翻译《英华厦腔语汇》；地凡，*The Beginner's First Book in the Chinese Language*(*Canton Vernacular*)(《粤语入门》)。

② 《汉字改革概论》，第91页。

分,再把这些零散的成分系统地归类,套用现代语言学的说法,即标示音位。通过音位标示,便将每一个音位与所有其他的音位都毫不含糊地区分开来,显示了音位的特征,同时也完善了语音对于语言的功能。虽然当时还没有一套国际音标作为参照的标准,麦都思也无从用一套科学完备的符号对所有的汉字注上读音,但作为接触一门新的语言的外国人,他的确在尝试着将不同的声波的形状区分开,让他的这些外国"读者"们更快地将音和义作出有规律的关联,进而消除"方块字"读音的障碍,加速听说的理解。

表1中列出了麦都思"表音法"中代表汉语拼音声母和韵母的符号。当时还没有"声母"和"韵母"的称呼,在诸传教士及后来在华的外交官著作中,称其"首"(initials)和"尾"(finals)的为大多数。麦都思标示的是19世纪40年代的官话读音,从汉语语音自身的发展历史来看,已和今天的普通话标准音比较接近,以声母来看,没有q、x两者,将w、y两半元音并入,与今天普通话二十一个声母相差无几。对于韵母,"表音法"对i介音进行了探讨(用*e*表示)。麦氏认为,如果e在另一个韵母前,要用短音与后面的韵母并合,但写法上要分开。比如,*e*在*ay*、*aou*、*ang*前,便写作*ke-ay*、*ke-aou*、*ke-ang*等。这样,汉字的读音被更完整地揭示了出来,而不局限于只能用传统反切法切出来的音。麦都思作了对韵母细分的工作,使汉字拼音逐步进入完善的形式。"注音字母"被认为是把传统的拼写方法推进了一步,主要在于采用了声介韵三拼法,同时带入了减少符号数量等优点。然而在这之前的半个多世纪,西洋人在他们的字典中已开始注意并讨论这些问题,试图用他们习惯的拉丁字母对汉字的读音进行细小到音位、音素的剖析了。

汉语不是字母语言,即使有透过字面归纳出一套"声""介""韵"的可能,也不是将拉丁字母搬来就能马上"对号入座"的。西洋人在认清汉语的基本语音系统后,一般先是以"借用"字母读音的方法对汉字的读音进行标示。如马礼逊《华英字典》中,用*oo*表示长音[uː],用*u*表示短音[u],即是按英语的字母组合的发音特点而来的。马礼逊和麦都思都用了*ay*表示[ei],用*e*表示[i]等,也是用了这种方法。汉字的一些读音的确能与英语语音相合拍,因而可以"照搬不误"。但是另有一些读音对于西洋人却十分陌生,因而他们只能用"发明"加上"正音"的办法试着解释清楚了。如汉语拼音ü这个读音是无法直接从英语的字母组合中"借用"而来的,卫三畏《汉英韵府》中讲到马礼逊是用eu相拼,如June、abuse两个词发音时去掉前后辅音部分的读音。汉语拼音中的声母b、p、d、t等在英语的辅音字母中大致能找到相关的读音,需特别加上的是送气的符号',也有一些如l、m、n、s、f是差不多一致的。

四、20世纪初的"汉语拼音"

西洋人在编写字典时所列的"表音法"一般分"首"(声)、"尾"(韵)两个部分及"介音字母",同时对用来表示读音的元音、双元音、辅音等作详细的描绘、解释。然而各人致力这项工作所采用的标准不同,西方各个国家的语言背景也不完全一样,因而当他们进入东方生疏的语音领域时,往往各抒己见,"表音法"反而显得纷杂不一了。卫三畏《汉英韵府》对这个问题作出总结归纳,威妥玛《语音自迩集》出版后,各字典、教科书大多不再"发明",开始照抄照搬起来。

卫三畏的《汉英韵府》首先注意到19世纪70年代时各字典版本中出现了各种纷杂的"表音法"。因此在认识汉语的读音即"表音法"这一问题上,他不仅排比了前人的工作,且归纳总结出用了拼读汉语的这些元音、双元音、辅音的"标准读法"。他的归纳同时说明了这么一个问题:由于当时中国的文字学者没有相应作出过一套标准的用于描绘汉字读音的"表音法则",涉及这个问题的洋人们只能"见仁见智"了。传教士们来自英、法、葡等国,即使都用拉丁字母标示汉字的读音,也会由于各自语言背景的不同导致所采用的"表音法"(用文字或印刷符号标出某一语言的音)出现差异。另外,随着洋人对官话或方言的读音有着逐渐深入的了解,他们对字音的记录也会越来越精细,而差异的成分也就会增多。卫三畏认为"各种形式的读音法则只会让学习的人头脑混乱,应该创造相互交流的基础条件,即采用一套一致的表音法"。他并引了De Guignes(小德金)在他的《汉法拉字典》中的"先见":因为欧洲各国的语言文字并不是一模一样的,所以各个传教士所列的"表音法"不可能不谋而合。

鸦片战争以后,洋人对于汉语的学习不止于福音传教,各国公使官员因外交亦需掌握官话读音——时事环境和学习的群体决定了京音官话课本《语言自迩集》中的"威妥玛式"拼音成为当时使馆人员中通行的注音工具。因这种拼音的使用范围常处于一种官方正式场合,因而这套起初在读本中出现的官话拼音后来便逐步扩大用途,成为外国人音译中国地名、人名和事物名称的通用标准。周有光的研究说:"威妥玛式继承了马礼逊方案的一些特点(例如[ts,ts',s]分两套写法;马作ts,ts',s和tsz,tsz',sz;威作ts,ts',s和tz,tz',sz或ss)。它又简化了马礼逊方案的一些写法(例如把马礼逊的oo作为u,e改i,[tə,tə',ə']不再分尖团)。"[1]

---

[1] 《汉字改革概论》,第23页。

而笔者认为，威妥玛的《语言自迩集》出版之前已有不少传教士作过类似的拼读汉字的工作，如上文所提及的麦都思、裨治文、公神父等，因而威式拼音的符号取舍并不一定只是参考马礼逊这一种方案。另外，马礼逊之后的工作者中，大多对“表音法”所采取的符号系统作出过自己的评判。马礼逊将长音 u 用 oo 表示，短音即用 u 表示；麦都思将 oo 改为 eu 表示 u 这个音，不分长短；公神父用 ū 表示，De Guignes 则用 ou 表示。同样的情况也出现在其他一些字母表示上，这些前人的成果对威氏编写出版一本官话课本的参考价值是极有分量的。

“威式”拼音在出版不久后就有人在自己的编著中引用“推广”了。美国公理会传教士卢公明在 1872 年福州出版的《英华萃林韵府》中详列了两大张表格，一张是讲述汉语的发音系统，另一张则通过具体的汉字来表示京音官话中所有可拼写的读音，按字母顺序排列，置于序言之后。卢公明引“威妥玛式”拼音的元音有 a，e，i，o，u，ü，辅音有 ch，ch'，f，h，hs，j，k，k'，l，m，n，p，s，sh，t，y，w，ng，p'，ss，t'，ts，ts'，tz，tz'。这些元音代表了基本的韵母，辅音包括声母；元音与元音相结合，元音与部分辅音相结合另可得出复韵母等（见表 2）。这些符号中，k，k'，p，p'，ch，ch'，ts，ts'，tz，tz' 等都是按国际音标符号系统中的读音法则“借用”而来，又用 ' 符号表示送气音。洋人的这种“拼音”迎合了他们自身对汉语读音的理解，比如现代汉语拼音方案中的 b、p 二音并不与国际音标中的[b]、[p]发音完全一样，所以威式拼音用了 p、p' 二者，以借用相近字母的基础上添一些符号或加一些解释的办法拟订了一套适合他们的汉语读音的标准。这种现象在今天西方国家音译汉语地名、人名时仍作保留，如北京的译音多是 Peking 而不是 Beijing。

中国内地会的鲍康宁先生(F. W. Baller)于 1900 年编纂出版的《汉英分解字典》①中有一张完整的声母表和韵母表，记录声母分别为 ch，ch'，f，h，hs，k，k'，l，m，n，p，p'，r，s，sh，t，t'，ts，ts'，韵母有 a，ia，ua，an，uan，ang，iang，uang、ao，iao，ai，iai，uai，ae，en，uen，eng，eo，ui，ei、uei、ie 等 50 个（详见表 3）。比照今天的汉语拼音方案，其数目、形态已是非常相近，并且编者指出它的作用亦是以“首尾”相拼，认识字词的读音，帮助记忆字义词义。20 世纪初，英汉-汉英字典的编纂者们仍在他们的序言中不断地讨论字典的编纂体例、形式分类、字条词条等内容，而在导言部分列出的声母韵母表却已大体固定一致。这标志着西方人士对汉语的“拼音”的认识在这个时候已大体形成了一个成熟的方案。

---

① F. W. Baller, *An Analytical Chinese-English Dictionary*, 1900, Shanghai.

五、“催生”在汉语拼音发展史上的意义

本文最初的工作是欲用19世纪始来华的西方人士所著有关拼读汉字方面的材料来补汉字注音历史进程中的一个空白。填补了这个空白，我们自然可以看到，对汉字标音的演进过程事实上有两个系统：一个是用拉丁字母对汉字读音进行的标示，包括早期耶稣会士系统地用拉丁字母来拼读汉语的著作、19世纪新教传教士及来华工作的西方人士对官话及方言注音的探讨尝试，以及20世纪始国人借拉丁字母拟订的初期的汉语拼音方案；另一个则是由国人生造的各种注音符号构成的“切音字”，包括清末20年间大批的个人新造字母方案、教育部推行的选自古汉字的“注音字母”等，终伴着改革的热情和救国的抱负。王开扬先生在《汉语拼音方案——中外智慧的结晶》一文中，提出汉字注音的历史进程分“局限在汉字内部的‘系统内注音法’”和“借用外来字母的‘系统外注音法’”两条道路。我辈想法与之颇近，却感到王先生实没有将这“系统”内外的作用和意义论述充分。王先生将“譬况”“读若”“直音”和“反切”都放在“系统内注音法”之中，却没有意识到“反切”已跳出了“注音”的局限，为“拼音”之始——只是“反切”之法远未能做到将韵头、韵腹、韵尾细分。同时，由于此字的读音即从彼字而来，“反切”在整体上缺乏一套符号系统对读音的每一个音素加以定位。从这个意义上来说，确是那些明末清初始来华的传教士们用他们的拉丁字母划破了传统方法的幕帐，进入到对每一个汉字进行音位系统上的综合识别。

现代汉语拼音方案是根据语音标准、音节结构和字母形式三个基本原则拟订的。众所周知，“字母形式”即采用国际通用的拉丁字母，并加以必要的补充。然而，拉丁字母作为方案符号的使用并不是一开始的做法，1918年以后的四十年间，“注音字母”才是政府公布实施的正式注音方案。其间，拉丁字母形式的国语罗马字只是“注音第二式”；各种拉丁化新文字只是由民间制定，在民间流传。为何后来50年代的汉语拼音方案要采用拉丁字母作为字母形式，而不用已颁布的注音字母或另外创造一套汉字笔画式的字母呢？1956年2月中国文字改革委员会发表的《汉语拼音方案草案》中谈到拉丁字母的国际通用性及在阅读和书写上的简单、方便，而注音字母或笔画字母恰恰缺乏这些特点。周有光亦在《汉字改革概论》“汉语拼音方案”一章中详述了在字母的“技术价值”和“流通价值”上，拉丁字母比之其他形式的优点。在“流通价值”层面上，周老对“字母形式的社会风尚”作了精彩的论述：“注音字母虽然推行了40多年之久，但是只作为汉字的注音符号来应用，在小学低年级教学以

后就备而少用了,到小学毕业以后它往往跟小学课本同样遭到遗忘和抛弃的命运。……有的字典注着注音字母,可是多数另有直音和反切,注音字母是可有可无的。”①

与之相反,和注音字母差不多同时“定型”的“威妥玛-翟理斯”式(Wade-Giles)却在邮政、电报及外交文件、路名翻译上有了一定的通行范围。加上辛亥革命后新式的学校外语课程教育的推动,拉丁字母比注音字母无疑有更广泛的社会基础。此点恐怕是汉语拼音在字母形式选择上的一条更坚实的理由。从表象上看,这种“选择”可能会给人们一种错觉,对汉字标音的历史过程分明展示了两条道路,无论从方法还是形态上讲似乎都关联不大,为何会有如此之大的转向?究其实,对汉字的标音历史加以考察,既应注意到内外系统的本然差别,更要看到其中的实质作用——本文所提的“催生”作用就是一例。

表 1　1848 年麦都思《英汉字典》中“声母”(initials)和“韵母”(finals)

声母 initials	p p' m f t t' n l g k h j ts ts' s ch ch' sh r w y
韵母 finals	a o e ê i eu ea un æ ay aou eaou uy an eng ang in eang ing wan uen ung eun eæ

表 2　1872 年卢公明《英华萃林韵府》引用的“威妥玛”式拼音

声母 initials	p p' m f t t' n l g k k' h hs ts ts' s tz tz' ss ch ch' sh j w y
韵母 finals	a o e i u ü ia ieh ua uo üeh êrh ai ei ao ou iao iu uai ui an ên ang êng ung ien in iang ing iung uan un uang üan ün iai ih io uo

表 3　1900 年鲍康宁《汉英分解词典》中所采用的罗马字母拼音系统

声母 initials	p p' m f t t' n l k k' h hs ts ts' s ch ch' sh r
韵母 finals	a ia ua an uan ang iang uang ao iao ai iai uai æ en uen eng eo ui ei uei ie üe ien üen ï i in üin ing o ong iong u iu u ah iah eh üeh ieh ueh ïh ih oh ioh uh iuh üh

[原文刊于香港:《语文建设通讯》,2000 年 10 月(第 64 期),第 11—19 页]

① 《汉字改革概论》,第 83 页。

从“通事”到“翻译官”

——论近代中外语言接触史上的主、被动角色的转移

在研究明清以来中外语言接触的过程中，至少有两种交流的媒介不可忽视。一是作为接触工具的字典、辞书及会话手册；另一个是扮演中间人角色的翻译，一开始被称为“通事”，后来也叫作“翻译官”，这种口头的交流中介要比书面的交流媒介出现得更早。若对这种中介本身的变化细加考察，会发现表面上“通事”“翻译官”称呼的不同，实质上表征着一种观念的转变。位居高官的朝廷大员是在一个十分“被动”的状态下开始学习洋语的——大国自居的心态令明清时期的上层知识分子们一直保持着高人一等的视界：视红毛洋人为“番鬼”，称所操之语为“番话”，只有地位同等低下的民间“通事”才是和这些“番鬼”交流的中介；而到了19世纪末的大清王朝，官方又急需培养一种人才，即能帮助大清官员和这些“番鬼们”在政治上你来我往的“翻译官”——他们乃京师同文馆、上海广方言馆等科班出身，皆“科甲正途”①，有的还出过洋留过学。同一个角色所处的地位经历的这种“自下到上”的巨大转变，其背后的社会动因值得我们在研究的过程中作一番推敲。

一、“岭南通事”和“广东通事”

通事作为参与中外贸易或交涉事务的中间人角色，其名称和特点与16世纪始欧洲人来华贸易的地点和路线密切相关。16至18世纪在澳门一带与葡萄牙人接触的“岭南通事”、18至19世纪初在广州的“广东通事”及19世纪中叶上海的“露天通事”分别“创造”和使用了三种在近代中西交流过程中颇有影响的洋泾浜混合语言：澳门的混合语“行话”、广州一带的“广东英语”、上海的“洋泾浜英语”。这些通事在不同时期的贸易活动及与贸易相关的

① “且我朝有翻译生员、举人、进士、翰林，异试异榜，与正科诸士，同赐出身。”（郑观应：《考试》，载《皇朝蓄艾文编》卷十四，上海官书局印。）

政治背景中的角色和地位都有特别之处，尤其是“岭南通事”和“广东通事”，前人的研究相对薄弱，本文即先加以阐述。

“岭南通事”作为一种专门行业的人，随葡萄牙人东来广东沿海后就出现了①。马士（H. B. Morse）在《东印度公司对华贸易编年史》中多处收录了有关17、18世纪时介入中葡贸易的沿海通事的材料。这些通事大多是当地的中国百姓，也有少数是长期生活在南洋一带的水员。“1624年，荷兰人定居台湾，并从该地向福建各口岸贸易；在巴达维亚雇用会说荷兰话的中国人做通事。1637年，第一次来的英国人，除了通过一位只懂中葡语言的通事，就无法与中国人打交道。”②通事不但能够在外语和本地话之间担任一定程度上的翻译工作，亦能通解官话。

通事们的一般工作就是替当时互不通对方语言的葡萄牙人和中国人翻译、传话。门多萨（Juan Gonzalez de Mendoza）《中华大帝国史》记录了一则有关葡萄牙人的大首领欲通过“翻译”的故意误翻迫害西班牙传教士的事件③。虽然当时的中国官员在和外国人打交道时也要雇佣通事翻译，但大多数通事的地位在上层知识分子的眼中是卑微低下的，尤其是那些没有通过“资格确认”的民间通事——他们懂得一些外语，便有可能私通外夷，便会滋生祸患。嘉庆十三年十一月“香山知县致澳门理事官札文”中就有“该兵头系搭红夷兵船来澳，难保无勾通事”④的记载。道光十五年则有明确规定：“一、夷船引水买办应由澳门同知给发牌照，不准私雇也。一、夷馆雇佣民人，应明定限制也。查旧例贸易夷人，除通事买办外，不准雇佣民人。道光十一年奏准夷馆看守门户及挑水挑货人等，均由买办代雇民人。惟愚民骛利鲜耻，且附近省城多谙晓夷语之人，若听夷人任意雇佣，难免勾串作奸。……嗣后每夷馆一间，无论居住夷人多寡，只准用看门人二名，挑水夫四名。夷商夷人，雇看货夫一名，不许额外多用。”⑤民间通事之外，还有政府官员到地方办公时随身带的官方通事，他们的待遇一般不差。乾隆五十七年正月“香山县丞致澳门理事官谕文”中记“今本县因见该馆日久坏烂，是以葺，从傍并建厢房一间，以为通事临澳稍驻办公之便。”⑥

① 叶权《游岭南记》记：“岛中夷屋居者，皆佛郎机人，乃大西洋之一国……”待作者进夷屋参观后，发现木屏的下三格所挂之画像不能理解——他不知道耶稣受难的像是什么意思，也不明白圣母玛利亚怀中抱着的男婴是谁：“一美妇人俯抱男子不知何谓，通事为余言不了了。”又过了几天在“番人”家，“见六七岁小儿啼哭，余问通事，番人所生耶？”通事回答说：“非。是今年人从东莞拐来卖者，思父母哭耳。番人多者养五六人，女子多者十余人，俱此类也。”

② ［美］马士，《东印度公司编年史》，中山大学出版社，1992年，第65页。

③ ［西］门多萨，《中华大帝国史》，中华书局，1998年，第292—296页。

④ 中国社科院近代史所，《中葡关系史资料集》（上），四川人民出版社，1999年，第576页。

⑤ 《道咸同光四朝奏议选辑》第1册。

⑥ 中国社科院近代史所，《中葡关系史资料集》（上），第565页。

虽乾隆十九年准粤海关移开广州,然直至嘉庆年间,澳门仍是洋商、买办、通事等聚集的主要场所,很多在广州不能翻译的公文、信札,大都移往澳门地方传译。嘉庆九年八月,香山知县致澳门理事官谕文记:“查奉发咨文两件,系外夷番字,应唤传谙识番字之人,逐件译出,始可禀示核办。卑职奉到执行,遵即饬令洋商通事传同熟识番字之人译缴去后。”而“兹据通事谢鳌等禀称:查明诺赴府宪呈缴咨文两纸,系弗兰西番字,现查省城并无谙识弗兰西番字之人。惟香山澳门地方有该国夷人夷目在彼居住,乞移香山县传译等情。”[①]另嘉庆十七年九月署澳门同知致澳门理事官谕文记:“据南海县申称,案奉饬发小三巴堂寄东堂李老爷洋信一封,学算书四卷到县。当经饬令洋商卢观恒等拆译去后,嗣据该商等禀称,遵即多方访觅通晓夷字之人。奈西洋夷人俱住澳门,向无来省,难以多觅。现将洋信一封,暨同李荣福译出汉文一纸。其算书四卷,不敢冒昧翻译。”最后,这封洋信及四卷算书乃由在澳门的“番通事”晏地里翻译完成[②]。

粤海关移开至广州后,广州成为不仅是葡萄牙人,还有英国人、法国人等洋商会集的地方,他们按国别各立一“行”,有点像领事馆的性质,代表各自国家的利益处理和中国的贸易事务。而随着交涉事务的日益增多,不同级别、类型的通事便也随即出现了。他们中有的仅是一般仆人:如亨特在《广州“番鬼”录》提到的“传话的中国仆人”[③];有的是河泊所专门指派的主要起监督作用的传译员(interpreters[④]),并不懂得很多正规的英语;还有的是公行必备的,有一个班子、助手。

官方指派的在公行中任职的通事要由洋商来“保充”,即保举推荐。道光十五年两广总督卢坤等在“酌议防范贸易夷人章程”[⑤]中称:“嗣后每夷馆一间,无论居住夷人多寡,只准用看门人二名,挑水夫四名。夷商夷人,雇看货夫一名,不许额外多用。其人夫责成馆买办代理,买办责成通事保充,通事责成洋商保充,层递钳制。”从中可以看出,这种由官方指派的通事的职位当在洋商之下,买办之上,比看门人、挑水夫、看货人则要高多了。在这则奏议中,还讲到夷人具禀事件应一律由洋商转禀,以肃政体。因“查外夷与中华书不同文,其中间有粗识汉字者,亦不通文义,不谙体制。具禀事件,词不达意,每多难解”,因此“嗣后凡夷

---

① 中国社科院近代史所,《中葡关系史资料集》(上),第571页。

② 嘉庆十七年九月初六日“署澳门同知致澳门理事官文”转引自《中葡关系史资料集》(上),第580页。

③ 见《广州“番鬼”录》英文本 *The "Fan Kwae" at Canton* by William C. Hunter, 2nd edition,1911。第12页:A few days before the ship sailed, while in my room, occupied with my luggage, one of the Chinese servants came to me, and said, "Mr. Talbot chin-chin you come down."

④ interpreter 与 translator 不同,前者为“传译员”,传译之语只要达意便可;而后者至少要做到翻译中的“信”。

⑤ 《道咸同光四朝奏议选辑》第1册。

人具禀事件，应一概由洋商代为据情转禀，不必自具禀词”——这样，作为洋商的助手，通事便有替夷人立具禀词的职责。另在乾隆十九年闰四月廿日“澳门同知致澳门理事官牌文”中记：“乾隆十九年闰四月十八日准粤海关移开，照得在省夷商赴澳探亲贸易等事，责成行商通事查询确实，出具保结，赴关呈明，给与印照，分晰开注，一面移知澳防厅转饬夷目，查询相符，将该夷商交付所探之澳夷收管约束。限满事竣，催令依限回省，毋任逗留等因……”[①]粤海关移开至广州后，洋人需来往广东、澳门之间贸易、探亲，这时通事便又多了一个职责，即须查核来往两地的夷人的名目，并有权监管其在澳门的活动及所携带的货物。

在亨特的《广州“番鬼”录》中记述更多的则是公行中的一种通事。这种通事其实并没有什么语言基础，亨特在书中称之为 Linguists——只懂中文而不懂其他的“舌人”。他们中间也有职位高低，为首的是“老汤姆”“小汤姆”——其实他们姓谭和董，外国人也分不清楚，就用英文名字称呼，再冠以“老”“小”加以分别。他们受河泊所的指派，负责安排外国的领事及副领事等官员与河泊所来往等事宜：“因为在‘条约’签订前，还没有任何一个外国的领事或副领事被当局正式承认，因此这些外国官员如果要和海关监督联系，必须通过行商，行商又通过通事来递交函件。”[②]对于“通事”这种中间联系人的职位，亨特认为其是“外国许多雇员中的首领”，“他们(通事)职责当然不轻”：要侍候城中出来的官吏，检验入口的货物，替中国官吏们填写税表，呈报海关监督衙门以备登记，还有后期征税等。他们可以在任何时候像仆人一般被传唤，无论白天还是黑夜，处理繁杂的事务。但也只有通过他们，外国人才能被允许去澳门，才能被允许装卸货物——所有的申请细节都要通过他们来完成。甚至有一个“旧规章”，外国人如要出“行”，到江边散步，或去几英里以外的花园，都必须有通事们的陪同——这样做便可以避免外国人迷路或因语言不通与当地人产生纠纷，而事实上则是对外国人的行踪起到一定的监督作用。

像“老汤姆”这种受官方指派的通事扮演的是洋商和中国官员之间的“联系人”角色，他们没有很强的语言能力，最多只会几句“广东英语”，不能阅读书面文字，更不可能担任书面翻译工作。一位未署名的作者在 1837 年 10 月的《中国丛报》上直接揭示了当时广东通事们的英语水平：“他们用记在脑子里的英语单词，用汉语的习惯和一些与谈话主题相关的信息组成他们所认为的句子，随后便觉得自己是高水平的学者，完全可以胜任自己的政府和外国商人之间的译员。这些‘舌人’中却没有一个能读懂最明了的英语文书，大多数不能听懂

① 中国社科院近代史所，《中葡关系史资料集》(上)，第 631 页。
② [美] 亨特，《广州“番鬼”录》，广东人民出版社，1993 年，第 37 页。

两个外国人之间的口语交谈。他们的英语知识来源于本地的中国教师。”在马士整理的《东印度公司编年史》中,甚至讲到英国人碰到一些广东通事担任译员时,往往还要依靠自己公司里的英国人再次“翻译”[1]。

二、“主动接触”和“被动接触”

如同明朝上下对利玛窦带来的世界地图所感到的震惊一样,17 世纪始初遇西洋文字的朝廷官员们对异域的殊文好奇之外更是惊奇。他们甚至分不清楚来广东的外国人除了葡萄牙人、西班牙人以外还有哪些人,又把这两个国家的人都叫“佛郎机”人[2],还常常把法国人混同进去,将“弗郎西”之音误会为“佛郎机”[3]。如果说广东沿海的人们称初来中国的葡萄牙人为“红毛番鬼”是出于对他们的鄙视,那么又将其称作“西洋国人”则表现出自己对世界的一无所知。《明史・佛郎机传》曰:“佛郎机近满剌加”,即这些欧洲国家是在南洋马六甲(Malacca)附近,显然还不知道“世界”的版图。《明通鉴》则已进了一步,记道:“佛郎机即今之佛兰西,亦曰法兰西,大西洋欧罗巴洲之一国也。万历间利玛窦至中国,自称大西洋,礼臣不知,其后艾儒略出其所撰《职方外纪》,始知欧罗巴洲中七十余国,统名曰大西洋。”

《澳门记略》的作者虽然已经道出了拼音文字的特点:“凡万国语言,风雨鸟兽之声,皆可随音成字”[4],但是明清时期位居高官的上层知识分子一直没有把外国语言文字列入自己的研究范围之内,倒是耶稣会传教士先有了《西字奇迹》《西儒耳目资》等研究汉语的著作。直到我们所见到的 1844 年 6 月的《中国丛报》(*Chinese Repository*)中,C. Cushing 仍然指出:“这些中国人,哪怕是其中最有知识的,也似乎没有兴趣学习任何欧洲语言,除了极个别人向那些留在北京的俄国人学习俄语。他们的这种‘忽视’的态度源自长久以来他们对自己的东西总是过高估计而对所有的邻国都视而不见”;“事实上,这似乎是个矛盾:中国人是非常有知识、修养的民族,读书写字在他们中间甚为普及。然而他们除了对一个小小的封闭圈子内的事物很是熟悉之外,他们对知识、科学、艺术都十分隔膜。”的确,自 17 世纪葡萄牙贸易通华始至 19 世纪中,只有在广州、澳门,因为商贸和外事的需要,少数中国人(局限在民间)主动获得了一些听说(非读写)外

---

① 见第三卷,第 35 页:“为了预防碰到某一通事的广东英语可能需要翻译,因此,要求带同商馆人员前往,弗雷泽(Fraster)立即答应担任此事。”
② 《明史・吕宋传》中称西班牙人为“佛郎机”;《明史・佛郎机传》又是记葡萄牙人的活动。
③ 《澳门记略》云:“弗郎西,明曰佛朗机。”又曰:“佛郎机又称干系腊国,今称弗郎西,或曰法郎西。”
④ (清) 印光任、张汝霖,《澳门记略》,澳门文化司署,1992 年,第 182 页。

国语言的知识。虽是一些零散、破碎的“行话”和“广东英语”，但大部分场合中已经可以派上很大的用场，因而1860年前的中国，似乎没有必要开设正式的机构用于学习夷人们的番话。

语言是外交双方主权的一种象征。而对最初来到中国的新教传教士来说，他们如果想同中国官员打交道的话，就只能用汉语而非其他。这也是他们要主动学习汉语的一个实际压力——来源于他们最初来华时所处的被动地位。外国商人的禀文，只许用汉字书写，不能同时书写自己的文字，更不可能只用自己的语言。在嘉庆八年二月“香山知县致澳门理事官谕文”中记：“现据该夷目称，向来夷禀专用唐字书写，并无番字，今亭上众议，嗣后所有呈词，俱用唐字、番字合并书写，禀恳恩准，等情。到县。查文禀字体天朝向有定制，华夷尤当区别。夷禀向用唐文，自应永远遵照办理。”①C. Cushing在“交流的用语”②一文中的解释是“英国，还有其他国家，可能都会坚持要用自己的语言和中国进行贸易等交流活动。但如果那样的话，中国的官府就不仅要用靠自己的通事传译，同时还要看外国人的翻译，这之间必然会存在差别和利害关系”③。因而在1858年的《天津条约》中，英国和法国都提出了有关正式文件所应使用的语言问题：“嗣后英国文书俱用英字书写，暂时仍以汉文配送，俟中国选派学生学习英文，英语熟习，即不用配送汉文。自今以后，遇有文词辩论之处，总以英文作为正义。”“凡大法国大宪、领事等官有公文照会中国大宪及地方官员，均用大法国字样，惟为办事妥速之便，亦有翻译中国文字一件附之，其附件务尽力的相符，候大清国京师有通事谙晓且能译大法国言语，即时大法国官员照会大清国官员公文应用大法国字样，大清国官员照会大法国官员应用大清国字样。”④

C. Cushing接着评论当时大局形势之下语言接触的状况。“局势的进程给外国人学习汉语提供了异样的便利条件。在以前，政府对所有的接触途径都设置了障碍：禁止向外国人出售中文书籍，惩罚教外国人汉语的中国人。但是现在，英国人的武力改变了这所有的一切。”的确可以说是武力的因素改变了近代中外语言接触史上中国同西洋各国所处的不同位置：在1842年《南京条约》签订以前，外国同中国的语言接触仅限于东南沿海的下层民间。中国东南沿海的民间商人、通事们对学习外语的态度是“主动”的，这样他们就可以获

① 中国社科院近代史所，《中葡关系史资料集》(上)，第569页。

② Chinese Repository, 1844(13), p.282.

③ 这种论点的例证可参见马士《东印度公司编年史》第三卷，第29页：“心理状态的不同，使翻译成为一个重要的问题，行商和通事不仅对英语最基本的文字是一知半解，而且他们的利益与公司是不一致的，而他们过于胆小，不能希望他们敢于把对官吏不悦耳的辞句翻译得正确。”以及第130页：“正确的翻译的重要性是不言而喻的。首先重要的工作，是要明了总督和海关监督来文的全部意义，不要行商的信口开河的广东英语，而是必须参照汉文文件的原稿；更重要的是，必须将委员会论辩的全部语气转达给官员们。”

④ 王铁崖，《中外旧约章汇编》，三联书店，1982年，第102—104页。

得进行商业贸易的必要工具——正如美国公理会传教士卫三畏(S. W. Williams)在《广州的“行话”》[①]一文中记述的最初在广东沿海的民间通事主动接触“红毛番话”的情景,表明这些民间通事因为语言优势获得了一定的贸易优势。由于政府对有强烈愿望学习汉语的外国人设置了性命攸关的障碍,便必然会导致民间通事为了获取生意的优势而去主动接触外语。“行话”及“广东英语”成了18至19世纪初在广东的贸易场所通行的商业语言——外国商人和传教士甚至只能“放弃”自己的母语,“屈就”洋泾浜语了。然而当时广东沿海是没有一个公开的学校可以教授中国人英语的,那么英语,即使是“洋泾浜”,又是怎样传播开来的呢?卫三畏在文中提到,有一种相当于中、小学校“男教师”(School Master)职务的人被行商雇佣,专门在“行”等一些发生贸易交换的场所现场教一些初学者们简单的英语字词用于基本的交流,比如货价的多少,物品的名称等。这种被称为“男教师”的人就是一种通事,卫三畏讲道:“他们的人数不是很多,其中有个人曾在美国Cornwall的一个学校中学习过两年,说出来的英语十分地道,比任何一个在广东的中国人都标准。”

最初的这种中外语言“接触”的状况并没有进入远在北方的中央政府的视野之中,朝廷高官们头脑中“天下”“四夷”的观念自然而然地把自己的思想禁锢起来,成为在“语言接触”中十分“被动”的一方。坚船利炮不是西洋人制胜的所有原因,但的确是这种武力因素冲破了清政府人为设置的“语言接触”的障碍——作为随之而来的结果,中国上层知识分子“被迫”[②]开始学洋语,识洋务。

三、由“被动”到“迫切”

李鸿章在《请设广方言疏》中讲道:“因伏维中国与洋人交接,必先通其志达其欲,周知其虚实诚伪,而后有称物平施之效。互市二十年来,彼酋习我语言文字者不少,其尤者能读我经史,于朝章宪典,吏治民情,言之历历。而我官员绅士中绝少通习外国语言文字之人。……中国能通洋语者,仅持通事。凡关局军营交涉事务,无非雇觅通事往来传话,而其人遂为洋务之大害。”[③]办洋务须先懂洋语,但若是依靠这些原先懂得只言片语的通事,想必办不成什么大事。因为操洋泾浜英语的“露天通事”是“能说不能写”:“其仅通洋语者十之八

① Chinese Repository, 1836(4), pp.428-436.
② 这里的“被迫”一词,我认为就当时的外界环境而言,用“BE CHALLENGED TO”来表示最为恰当。
③ (清)葛士濬,《皇朝经世文续编》,文海出版社,第3227页。

九,亦识洋字者十之一二,所识洋字,亦不过货名价目与俚浅文理,不特于彼中兵刑食货、张弛治忽之大懵然无知,即遇有交涉事宜,词气轻重缓急往往失其本指。"因此,这些"通事"们的英语水平根本无法胜任办理洋务、查阅西书或者翻译照会等这些专门的工作。

1843 年 11 月上海开埠以后,英、法、美、俄等国在沪皆设有领事馆,除设有"按察史""副按察史""正领事""副领事"等职员以外,还有"翻译官"一职。因其时清政府没有可以胜任外交谈判的翻译人才,在中外官员会面之时往往仅依靠外国的"翻译官"传述,这在李鸿章看来"亦难保无偏袒捏架情敝",也是洋务派奏请设外语学堂的一个迫切的原因。在奕䜣等人先后提议下,同文馆和上海广方言馆于 1862 年 6 月、1863 年 3 月分别在北京、上海开设。上海广方言馆在授各种西学课程的同时,需让学生"研究外国语言文字、风俗国政"。据林乐知记载,在他担任英文教习期间,"江海关道每个星期下午都要对学生进行考试,方法是叫学生们将简短的英文照会译成中文。这些照会都是这位道台大人最近一周从美国或者英国领事馆收到的。由于这些照会同时附有一份中文译本,所以这位不懂外文的道台大人,也就能够对照领事馆的文件,检查每个学生的翻译水平。"[①]科班式的正规教育给选拔清廷的外交官提供了人才舞台——翻译官即是同文馆和广方言馆的学生毕业以后的一条职业出路。1876 年,中国开始在外国设立使馆,派驻使节,使馆译员便多从京师同文馆中挑选。1888 年,总理衙门正式添设"翻译官"一职,其任务是在中外交涉事宜中担任翻译的工作。

作为清廷的"翻译官",第一,要品行端正,必是"正人君子",这是在考虑语言能力之前必须区别于"露天通事"之首要。"通事"主要的"恶名声"就是勾结洋人,拨弄挑唆。洋务是国家的要政,容不得这些人混入其中。李鸿章认为,"京师同文馆之设,实为良法,行之既久,必有正人君子。"冯桂芬在《采西学议》中也持相同观点:"今之习于夷者曰'通事',其人率皆市井,佻达游闲,不齿乡里,无所得衣食者始为之。其质鲁,其识浅,其心术又鄙,声色货利之外不知其他。且其能不过略通夷语、间识夷字,仅如货目数名与俚浅文理而已。……此议行则习其语言文字者必多,多则必有正人君子,通达治体者出其中"[②]。第二,乃是时之边才、异才。张焕纶在《救时刍言四则》的"广求边才"一则中说道:"今日所求边才,非第在识西字,习西学而已,要以洞悉各国政教大端强弱大致性情好尚所在,……总之识大体规远图而不务急功上也。其谙西国律例、军阵战法、器械利钝、城垒坚否,随机应变

① 熊月之,《西学东渐与晚清社会》,上海人民出版社,1994 年,第 341 页。
② (清)葛士濬,《皇朝经世文续编》,第 3199 页。

才堪肆应者。次之,其熟谙西语、算学、化学、机器学及航海开矿各技者。"[①]从实用角度来讲,语言是交流互通的工具,因此这一时期学习英、法、德、俄等文字,也是学习西方新学科、新技术的基础。李东沅《论考试附论洋学》中提及:"船政院为行船航海之学,先通外国语言文字,并天文、地理、算学。"[②]薛福成也讲道:"闽厂前堂学生,本习法国语言文字,应即令赴法国官厂学习制造,务令通船,新式轮机器具无一不能为。"[③]

学语言还要付诸实践,这不仅是洋务之需,作为清廷的外交人员,"翻译官"们也要讲求时世。在正式的"翻译官"出现以前,清廷是否具备合格的"外交官"令一些外国人怀疑:"语言能力是最能说明问题的。世界上任何文明国家的外交往来,需要非常谨慎的言辞。即使是语气上非常微小的错误,都不会被大家的耳朵放过,一定是需要一种'精确'。因此起草这种文件的人不仅是学者出身,还要精通外交'小节'。在迄今(1837 年 5 月)为止的所有与中国人相关交涉问题中,有哪个(中国)外交官与他们的职称相符?清廷起草这些文件的人如何能懂得我们的日常用语及行为礼节?那些奉命翻译外交文件的人,除了少数几个之外,还有哪些人懂得这种措辞的语气和格式?"[④]1837 年的清廷之中,显然没有什么官员能胜任真正的外交事务。就此一点,这位作者个人建议:"应派使者走出北京的宫廷,将其送往巴黎熟悉那里的日常用语,风俗民情",这样他们才能知道使用另一种语言文字的人,他们的饮食起居等一切细节,甚至包括"鞠躬的方式"。

但当时朝廷中还有不"迫切"之人,即以大学士倭仁为代表的"保守派",他们的观点和态度给选拔合格的毕业生作为正式的朝廷"翻译官"带来了一定的困难。薛福成在一则条议中说道:"自中外交涉以来,中国士大夫拘于成见,往往高谈气节,鄙弃洋务,……一临事变,无所适从;其号为熟习洋务者,则又唯通事之流与市井之雄,声色货利之外不知。其异才所以难得也。"[⑤]士大夫的"高谈气节"给当时的士绅阶层造成了不小的影响,与每次报考科举的成千上万的人数相比,报考京师同文馆只不到百人。虽然清廷对"语言接触"的态度至 19 世纪 60 年代起已由"被动"转向"迫切",但这种"迫切"也只局限在以李鸿章为代表的"洋务派"人士中。

(原文刊于《复旦学报》2002 年第 2 期,第 44—50 页)

---

① (清)葛士濬,《皇朝经世文续编》,第 3215 页。
② 同上书,第 3220 页。
③ 同上书,第 3213 页。
④ Chinese Repository, 1837(6), p.2.
⑤ (清)葛士濬,《皇朝经世文续编》,第 3212 页。

马西尼《现代汉语词汇的形成：十九世纪汉语外来词研究》书评

现代汉语与古代汉语的一个最大分异在于，写在纸上的黑字读起来亦朗朗上口，不像以前的文人写的是一套“文言”，说的又是一套“口语”。许多人自然把其中的原因归到“白话文运动”这一标志性的事件上。不错。但是如果我们再仔细推敲一下现代汉语用语的词源，便会发现一些语词所经历的曲折变化，至少还可以将许多新词的源头上溯一个世纪：近代报纸、宗教或世俗杂志的编写，西学著述的合作翻译及印刷出版，字典和教科书的更新，留下的不仅是马礼逊(Robert Morrison)、魏源、傅兰雅(J. Fryer)、李善兰、丁韪良(W. A. P. Martin)等一长串作者姓名。这些著述中的“遣词造句”，同时包含着文化碰撞的痕迹：中西文化背景的差异使得对西方物质、科学等概念的翻译成为一种复杂的“思想与释义”的相互交流。

马西尼(Federico Masini)的《现代汉语词汇的形成》即试图描绘在这样一个历史背景下汉语外来词的形成过程。它给人耳目一新之处在于，这位意大利学者对外来语的研究已不局限于用语言学的各种理论总结构词的特点，而是试图揣摩19世纪汉语外来词的形成与其特定历史环境的关系，挖掘语词变化的原因以及其内在的思想变化过程。因而，作者先讲“1840年至1898年的语言和历史”，分析一些重要人物的活动以及几个机构的设立对外来词形成的影响，接着再对借词、新词等进行分类，分析一些词汇现象及特点。这种布局既没有时间先后，又不是主次之分，却自然而然地符合了全书的主旨：理解了承载外来词的一切外部媒介，便不难理解外来词本身。

整个19世纪赋予诸多外来词进入汉语一个特殊的历史背景，同时成为推动现代汉语形成的重要时段。特别是从鸦片战争开始，一些在“西学东渐”过程中扮演重要角色的特殊人物，如林则徐、魏源、傅兰雅、李善兰等，早期中国访问西方的外交使团中的外交官，维新运动中的康、梁等人，以及19世纪末20世纪初大批的留日中国学生，另外还有同文馆、上海江南制造局等外语学校和译书机构，对外来词的传播和定型都起到了关键的推动作用。作者面对如此庞杂的人物和事件，皆以译词及其思想背景的互动为主线，脉络清晰而游刃有余。尤其是对人物活动的分析，作者翻阅了大量的著作、手稿、笔记，试图理清这些“关键人物”的思想变化特点与译词的取舍标准之间的关系，以及一些群体之间存在的相互影响，例证丰富，细致实在。

这种从历史和文化的角度分析语词的流传和变化，可以拓宽“语言接触”研究的多个层面。“语言接触”如果仅停留在从语言学的角度分析新词和外来语的特征，便只能成为一种“接触的语言”(Contact Language)，失去了“语言接触”(Language Contact)的本意。换言之，“语言接触”的论题是语言，其学科角度及方法、逻辑却可以跳出语言学的框框。研究19世纪中外语言接触问题尤应奉其为宗。反观这一历史时段中作为中外语言接触的结果所产生的大量新词，不难发现，其融入汉语词汇的血液中是需要一个过程的。可以说，每一次翻译文化解说，因为这如何选择如何定型的过程正是体现了中西两方思维的差异和碰撞。

在对外来词的分类问题上，马西尼界定了一整套术语，有的似创设发明之举。如将来自日语的词形分为“原语借词”(original loan)和“回归借词”(return loan)，称呼虽然拗口一些，但却道出了“中－日－欧”三方在19世纪语言接触过程中非常特殊的相互关系。原语借词是日语本族词，指那些虽然见于早期的汉文书籍，但后来在日语中词义发生了变化的词。原语借词同时也指日本根据西方语言创制的词。回归借词指的是见于早期汉文书籍，被日语吸收后词义并没有发生大的改变，后又返回到汉语中被使用。以往研究日语借词，人们往往只注意到前者，即“欧—日—中”的借词路线，而忽略了许多日语借词事实上先是由中国传至日本，几十年后又回到中国，走的是“欧—中—日—中”路线的那些词。马西尼依据文献证明，具有后一特点的词汇占到以往被称作“日语借词”的五分之一。

在两章之外的四个附录中，有一份类似微型语源词典的“十九世纪文献中的新词词表”。作者爬梳了大约五十种文献，对新词和外来语作出语源上的考证以及词形、词类上的归类，撰写了五百多个词目。然而此项工作浩大，非一人之力所能及，因而不免疏漏。周振鹤先生在此书的中译本出版后不久即有一篇评语，指出其若将早期新教传教士所编报刊或著述，如《东西洋考每月统记传》等考虑进去，必会更加完善。法国长期致力研究汉语词汇、语法的艾乐桐女士也有专门文章对词表中的一些错误之处加以批评更正。近年来关心汉语新词问题的学术机构和学者个人渐多起来，据笔者所知，德国埃兰根大学、日本关西大学、香港中国语文学会等都在各个方面推动着这一课题的研究工作。

（原文刊于刘东主编：《中国学术》2002.2总第10辑，商务印书馆，2002年，第340—343页）

拉克纳、阿美隆、库尔茨编《新观念、新术语：帝制中国晚期的西方知识与词汇变迁》书评

这本论文集中所收录的近二十篇有关汉语新词的文章，源出于1997年在德国哥廷根大学召开的"近现代汉语学术用语研究"的国际学术讨论会。现任教于德国埃尔兰根大学(University of Erlangen)的Lackner教授，Amelung博士和Kurtz博士的这项翻译编辑工作，标示了近年来国际汉学研究，尤其是欧洲学界，对汉语新词之西学来源的求索动向。

晚清之际，接受外来新词、传播学科术语的直接结果之一便是使得语言的受体、民众的思想与一些传统概念相脱离，产生后来所谓的"新思潮"。然而反观这一历史形成过程，研究者往往将新词翻译的过程直接等同于一种思想表达的倾向或主张，称作"话语权"或是"话语空间"，而忽视了在形成过程中诸多承载译词表达的媒介、影响释义交流的因素，以及交融于其中的社会历史背景。要解释新概念、新思潮的流行，对典型语词的剖析固然可引以为借鉴，然而如若没有线性的穿梭及面状的覆盖，这个近现代语言学史、思想史上的大问题恐怕不能被表述充分。因而此书的出版，让我们看到了围绕着这一问题，不仅有语言学家的，还有来自历史学家和欧洲、日本汉学家们的声音。

依研究主题的类别，论文集大可分为对语言载体本身、对语言表达的思想、对译词竞争的空间、对译者个人的作用等几个方面的讨论。编者在序中认为，虽然语言的外部环境，即那些非语言学因素(non-linguistic factors)在译词表达、交流时的作用显而易见，然而对语言内部结构的剖析仍应作为对其外部的、非语言学因素的讨论的前提。如是，在思考外来词、新词在汉语中的受容度这个问题时，语言自身所涵带的文化便是其本质的决定因素之一。19世纪下半叶，汉语碰到的已经不是选择性地接受"蒲桃"还是"葡萄"的问题了。旧有的语词空间中一旦要包纳大批量的代表新思想的新术语，那么构词法、语法等基本语言结构都会发生变化。这些基本结构载体的变化，即决定了外来的新学科、新思想能够在多大的程度上找到它们的对应面，能够在另一个语言体系中表达自身。在这个变化过程中，因

为汉语书面语的悠久历史及其精深的文化内涵，许多实质性突破并不是一蹴而就的。比如严复在任“审定名词馆”总纂时，偏于从古籍出典中寻找相对于新概念的译词。虽然有些过于高雅的名词最终胜不过当时日渐流行的日译新词，但是回过头看，他主张的那些信雅之词确为当时一些读书人所奉信的传统文化的表征。因而，大量术语名称的竞争，术语定名的反复，不仅是译者个人思想表达的差异；语言的本体文化及其在时间中的积淀、在地域上的扩散，皆影响到译词在社会空间中定位定型的过程。

作为表达新思想的新术语，其起源、传播直至定型于诸社会科学、自然科学领域的过程，本身又是一个关于科学史和制度史的问题。在政治变革成为晚清历史叙事的重大角色、西学东书承当变革的源起和工具时，语言与语言所表达的思想到底是一种什么样的关系？从西方学者的视角来看，编者认为，作为当时传播西方政治制度、科学理论而象征思想革新的工具，这些新术语所覆盖的是西方经千多年之久而成形的科学体系和制度文明。然而在清末一百年间，汉语似乎是在以十倍的加速度，与其说“吸收”、不如称“吞噬”了那些异文化的概念体系。在20世纪初的吞噬顶峰期，几乎所有用于表达科学和制度的名词都被换上了新衣。然而换归换，吞归吞，吸收后的消化问题还需进一步关心。东方一脉的哲学、科学思想与西方有着迥然的分异，惯用于阐释自身逻辑体系的语词在此时遇到了一个问题：是改变自己的语义内涵以表达另一种科学思维，还是通过构建新词以包容另一种科学文明？西方曾经有一些对汉语不那么深入了解的人以为，汉字不同于字母文字的这种“特殊性”直接影响到了它的文化特殊性，因而使其无法轻易与外界交流，以致有很大的困难走出自己的传统去接受新的事物。这本书中的语言学家否定了这种观念。他们认为，就语言的形态和结构而论，至少现代汉语不存在这种巨大的阻隔和障碍。但这也不等于说全然畅通。在翻译和释意交流的过程中，一定会有来自“语言的文化”(linguistic culture)的阻力。社会语言学家用“语言的文化”这个术语，将语言定位于组成社会结构的一部分，它与传统、神秘、宗教、信仰等诸多因素连为一体。正是因为语言自身所含带的这种固有的文化，因语言接触而产生的新词，无论采取哪种形式，在融入汉语词汇的血液中时，皆需要一个历史的过程。也正是因为有着这种两可性与选择，才会出现术语名称的“竞争反复”(competing nomenclatures)和“协调均等”(negotiating equivalence)，这种不仅是文本上的，更是社会性的定型过程。

（原文刊于刘东主编：《中国学术》2003.2 总第14辑，商务印书馆，2003年，第271—273页）

晁德莅与清代《圣谕广训》的拉丁文译本

一、绪　　论

作为19世纪来华传教士汉语学习的入门材料，清代雍正年间颁行的《圣谕广训》以及此后出现的白话衍说类文本《圣谕广训衍》(王又朴，1726年)或《圣谕广训直解》(包括白话直解及方言直解)曾被多次译成外语。一般认为，跟《圣谕》相关的这些材料多为新教传教士所采用，原因在于其语言风格、宣讲形式，以及道德教化内容等，皆可以给新教对华底层民众“直接布道”的策略提供本土文化的参照。以19世纪来看，1817年英国伦敦会传教士米怜(William Milne)的全文英译本以及1892年由鲍康宁(F. W. Baller)编撰的中英对照本影响最大。另外，新教传教士还选择性地翻译了《圣谕广训》及《广训衍》中的一些片段，作为介绍清帝国政治讲道与道德伦理的“样本”。马礼逊(Robert Morrison)1815—1823年编写的第一本汉英-英汉字典中就有不少语料出自《圣谕广训》。卫三畏(Samuel W. Williams)在1848年出版的 *The Middle Kingdom*(《中国总论》)中，也专辟章节对《圣谕广训》的文本性质、宣讲形式等条分缕析，并翻译了《圣谕广训衍》中的第七条“黜异端以崇正学”的白话衍说。而英国汉学家理雅各(James Legge)则在牛津大学以公开讲座的形式，围绕“帝国的儒学”的主题发表了四次演讲，之后将有关《圣谕广训》的翻译连载于1877年的《中国评论》(*The China Review*)上①。

就有关清代《圣谕广训》的研究问题来看，周振鹤先生在他的《〈圣谕广训〉集解与研究》中曾专辟一章，梳理了自18世纪至20世纪初西方汉学家、传教士等对《圣谕广训》的翻译情况②。美国汉学家梅维恒(Victor Mair)先生于1985年亦撰文讨论《圣谕广训》及《广训衍》

---

① James Legge, “Imperial Confucianism,” in *The China Review*, 1877, vol.6. 相关研究见段怀清、周俐玲编著：《〈中国评论〉与晚清中英文学交流》，广东人民出版社，2006年，第134—140页。

② 周振鹤撰集，顾美华点校：《〈圣谕广训〉集解与研究》，上海书店出版社，2006年，第618—620页。

对清代地方白话及俗文学发展的影响①。此外,台湾的王尔敏先生还专门对《圣谕广训》与清代民间宣讲拾遗的风气进行研究,并指出19世纪初新教传教士布道宣教时参考借鉴了民间宣讲圣谕这一形式②。而近年来在有关传教士与中西文化交流的学术研讨会上,学者们开始关注19世纪初来华新教传教士马礼逊、米怜等人翻译、学习清代《圣谕广训》及《圣谕广训衍》的原因。日本学者内田庆市指出,新教传教士学习《圣谕广训》,贯穿整个19世纪,成为传教士内部学习汉语的一种"传统"。也有学者认为,除了宣讲形式上可能存在的关联,传教士的学习动机与文本中的道德教化因素更为相关,借此可以了解中国百姓的日常伦理、社会规范与文教法律,进而在"道德说教"与"真理信仰"的关系上展开"儒耶对话"③。本文作者亦于多年前在美国耶鲁大学图书馆所藏卫三畏家族档案(Samuel Wells Williams Family Papers)中,有幸发现多种有关《圣谕广训》的方言直解手抄件,并以此展开讨论了19世纪新教传教士如何从《圣谕广训》的翻译文本中获取根本性的思想精神资源,并借鉴《广训衍》《直解》之类的浅文理形式作为习得汉语的捷径④。

然而,前人研究鲜有涉及天主教传教士对于《圣谕广训》的关注。有关《圣谕广训》的学习材料也曾出现在由19世纪来华的新耶稣会士编选的中文—拉丁文对照学习课程中,即意大利汉学家晁德莅(Angelo Zottoli, 1826—1902)在上海编写的 *Cursus Litteraturae Sinicae*(《中国文化教程》)。晁德莅作为意大利籍的耶稣会士,倾力接续利玛窦(Matteo Ricci (1552—1610))以来对中国语言文化的基础性工作。本文在探究《中国文化教程》文本布局的基础上,深入分析19世纪在上海徐家汇的天主教传教士对中国经典文化与语言学习的态度。文章的后半部分还将引入同一时期新教传教士鲍康宁对同一个底本《圣谕广训直解》所作的英文翻译,并将比较两者在翻译策略上的区别与价值取向。

二、《中国文化教程》的撰写

晁德莅1848年来华,1852—1866年间担任圣依纳爵公学(Le College St. Ignace,即徐

① Victor Mair, "Language and Ideology in the Written Popularization of the Sacred Edict," in David Johnson et al., *Popular Culture in Late Imperial China*, University of California Press, 1985.

② 王尔敏:《清廷〈圣谕广训〉之颁行及民间之宣讲拾遗》,载周振鹤撰集,顾美华点校:《〈圣谕广训〉集解与研究》,第633—649页。

③ 相关新近的研究有廖振旺:《万岁爷意思说——试论十九世纪来华新教传教士对〈圣谕广训〉的出版和认识》,《汉学研究》第26卷第3期,第225—262页,2008年;姚达兑:《〈圣谕广训〉和儒耶真理话语的碰撞》,《世界宗教研究》2014年第5期,第99—111页。

④ 司佳:《传教士缘何研习〈圣谕广训〉——美国卫三畏家族档案手稿所见一斑》,《史林》2013年第3期,第90—97页。

汇公学)教务长(或称理学),是马相伯先生的拉丁文老师[1]。《中国文化教程》的撰写工作,与19世纪70年代以徐家汇为中心的新耶稣会士所创设的“江南科学计划”紧密相关。这项计划包含了天文气象、自然科学以及中国的历史地理及国情研究,参与者有高龙鞶(Augustinus Colombel)、韩伯禄(Pierre Heude)、费赖之(Louis Pfister)、马相伯、马建忠等人[2]。其中,晁德莅负责汉学部分,为新来的传教士提供汉语学习的课程读物,并在学校教育以及中国研究方面取得进展。正如作者在序言中开门见山地说道:“写作本教程的主要目的是让我们近来刚上岸的传教士们,无须花费大量精力,短时间内在中国研究方面有长足的进步,然后他们就有能力在我们学校中从事中国研究,进而尝试用中文写作。因此,我写作的目的是严肃传达中文的最精奥内核,而非给最有教养的欧洲读者们展示中国事物中的奇珍异宝。”[3]

这部涵盖中国传统典籍以及各类文学经典的教程篇幅巨大,厚达五卷,足几千页。按照晁德莅的设想,在这套设计为五年课程的教材中,初级班也就是第一年的学习,侧重的是日常用语,包括日常习语、戏曲中的对白、传奇故事、才子佳人小说等。这样,《圣谕广训》的研读乃列为首选,而于清末流行的一种《圣谕广训直解》(佚名直解)[4]即由晁德莅译成拉丁文位列首卷首篇。不过,笔者访阅的这套由上海土山湾印刷所印制的《中国文化教程》,其第一卷的印刷时间是1909年,而第二至第五卷的出版时间是1879—1883年。从编者自己的著述以及其他相关资料来看,《中国文化教程》的整体编纂、出版颇为有序,很可能由于作为“入门课程”的第一卷需求量偏大,至20世纪初(晁德莅去世以后)上海土山湾又有过一次专门的重印。

从笔者经眼的五卷本教程来看,晁德莅在第一卷与第二卷前分别拟作了两个不同的序言,第三卷至第五卷则没有卷首文字。第一卷的序言中道出了编者对整部教程的总体构想:“教程分为五年:第一年入门班学习白话文,包括家规、杂剧、传奇、小说、俗语选,所有这些都保持俗语或口语的风格;第二年初级班,学习《四书》,或者学习童蒙读物(Elementarios libellos)后,再学习《大学》《中庸》《论语》和《孟子》;第三年中级班,学习《五经》,包括全篇有

---

① 邹振环:《马相伯与拉丁文通》,《复旦学报》2005年第6期,第112—119页。

② “江南科学委员会”以及“江南科学计划”的具体工作开展情况,详见李天纲先生的研究《新耶稣会与徐家汇文化事业》,载李天纲:《文化上海》,上海:上海教育出版社,1998年,第137—161页。

③ Angelo Zottoli, *Cursus Litteratuae Sinicae, volumen primum pro infima classe: Lingua Familiaris*, Chang-Hai, Tou-se-we, 1909. Procemium, v. 本文涉及的原作拉丁文序言的翻译工作由复旦大学历史系许昊旸同学协助,特此感谢!

④ 在周振鹤先生撰集的《〈圣谕广训〉集解与研究》中,将这个版本称作“佚名直解”,原因是作者不详。经周先生研究,这种《直解》在清同治年间(19世纪60年代)开始出现,后来逐渐流行起来,此版本的语言特点带有皇朝末年更加强调愚忠愚孝的意味。

注解的《诗经》和《尚书》,部分注解(散落于全书各处)的《易经》和《礼记》,以及孔子《春秋》中很少的内容。”在前三年系统地习得儒家经典以及各类文学传统的基础之上,晁德莅主张后两年的重点在于提高语言方面的修养。“第四年高级班,学习修辞风格,内容包括有关小词、(散)文选、《左传》选、各类牍简和各类典故;第五年修辞班,包括散文和诗歌,研读八股、时文、诗歌、赋词、各种铭文与对联。因此全部教材将有五卷,除此之外还有包含辅助整个教程的第六部分《词汇集成》。”①

这一学习路径与此前 16 至 18 世纪来华的天主教传教士对中国传统经典的侧重有着策略上的区别。利玛窦首先将《四书》译成拉丁文,于 1594 年完成并将它寄回了欧洲。明末清初来华的天主教传教士,尤其是执行“利玛窦路线”的耶稣会士,亦十分注重中国传统经典的学习。然而对于翻译《圣谕广训》,从书目录及前人研究皆不见 19 世纪以前来华耶稣会士将其译成拉丁文本,晁德莅本人也没有提及作为“接续传统”的新耶稣会士参考了任何前人资源——究其因,概与彼时的禁教风气有关。虽然,清康熙皇帝的《圣谕》十六条早在康熙九年(1670)就已经刊布,宣讲《圣谕广训》在雍正年间亦逐渐开始普及,并出现了为宣讲方便而编辑的白话本《圣谕广训衍》(王又朴,1726 年);然而,由于雍正二年(1724)就已开始禁教的关系,清中期以后来华的耶稣会士多服务于宫廷,规模亦远远不及明末清初。雍正《圣谕广训》和《广训衍》甚至在对康熙《圣谕》十六条中第七条“黜异端以崇正学”的阐释中,除了正儒学、否定所谓“三教九流”之门派,还将矛头直接指向天主教:“又如西洋教宗天主亦属不经,因其人通晓历数,故国家用之,尔等不可不知也。夫左道惑众,律所不宥;师巫邪术,邦有常行。……”②下文细剖文本翻译处将另作展开。

相形之下,翻阅晁德莅对《中国文化教程》的卷次编排,我们可以看出: 19 世纪来华的新耶稣会士并不需要一开始就接触儒家经典,而是在之后第二年的课程中,学生们才开始熟悉蒙学读物(《三字经》《千字文》等)以及《四书》,进而逐渐过渡到对《五经》的研习。在教学指导方面,晁德莅坚称:“我教给学生的是在(中国)学校里到处都会通读的文本,选出的注疏也是在学校里反复教导的,我尽最大的可能遵循这些注疏者的解释,他们的权威在学校里巨大且持久。”③作为一名 19 世纪来华的新耶稣会士,晁德莅遵循了耶稣会士历来对待经典学习勤勉的态度及严谨的传统。然而,晁德莅同时也是一名汉学家,他必须同时审度

① Angelo Zottoli, *Cursus Litteratuae Sinicae*, *volumen primum pro infima classe*, Procemium, vi-vii.
② 周振鹤撰集,顾美华点校:《〈圣谕广训〉集解与研究》,第 290 页。
③ Angelo Zottoli, *Cursus Litteratuae Sinicae*, *volumen primum pro infima classe*, Procemium, vi.

对中国儒家经典的翻译态度，尤其是历代注疏中的意识形态所带来的一系列信仰冲突问题。如第二卷前的序言即是针对研习中国儒家经典的步骤与要点，其中他专门指出："博学的朱子其注疏比其他人更高明。朱熹给出了对于《四书》的注疏，在本朝所有人都是遵从的。在学校里还有很多讲章用于进一步解释朱子的注疏。"[①]因此，晁德莅在他的《中国文化教程》中翻译的《四书》，底本来自宋儒朱熹的《四书章句集注》，其义理思想也正是当时清儒们所遵奉的。然而，由于持有不同的宗教信仰，晁德莅坦言自己"反感朱子作为哲学家的一面，而欣赏他作为语文学家的那一面"；并且叮嘱这部教程的读者，即原书封面上注明的"新手传教士适用"的年轻会士们，不要受到宋明理学中的本体论与宇宙观的影响。

就编纂理念而言，晁德莅注重语言自身的重要性即"语文学"的路径："在去除所有无用和繁复卖弄的辞藻后，我努力使学习过程尽可能地容易上手。教程的注释将简短清晰，按中文的顺序，用一种紧凑的风格，呈现一切要点，省略那些触类旁通就能理解的部分。"在具体的文字编排处理上，晁德莅也颇费一番心思："我还用简明连贯的拉丁语短语，和汉字紧列在一起，这样也便于(将词的意思)按汉字顺序对应起来。这对我来说是个艰巨的工作，而且，为了更简便地描述中文的声调发音，考虑到多数人的方便，我会将中文发音拉丁化。这样一来它们看起来就像在课文里一样明了。"来华后第五年即1852年开始，晁德莅进入圣伊纳爵神学院(Le College St. Ignace，即徐汇公学)监管学生们学习长达十四年之久。他告诫初学者不要轻视语言基本功而贸然行进："绝不要试图幻想在前面这几页中理解并引申词义。但记住：我们主要是在学习语言；我对我们为了这个目的付出的艰苦劳动毫不怀疑，但这些艰苦的回报我们并不能在短时间内轻易察觉。"[②]

在进入具体的文本分析之前，有必要从一个大的历史背景下审视19世纪天主教传教士，尤其是以上海徐家汇为中心的新耶稣会士的业绩。李天纲先生在他的研究中阐述了"江南科学计划"的诸多方面，并称"其发展的规模和达到的水准，是出乎当年预料的成功。然而比较明清的做法，徐家汇的事业更像是外国事业，大部分的出版物以法文、拉丁文传布欧洲，中文读者则难受其惠"[③]。的确，《中国文化教程》的主要对象乃封面标题上所示的"新手传教士"，且资料表明，此书后来成为19世纪欧洲颇具影响力的中文—拉丁文对照教材。负责语言问题的汉学家晁德莅，其文本布局与19世纪新耶稣会士的传教策略是否存在可能

---

① Angelo Zottoli, *Cursus Litteratuae Sinicae*, *volume secundum pro inferior classe: Studium Classicorum*, Chang-Hai, Tou-se-we, 1879. Procemium, vi.

② Angelo Zottoli, Cursus Litteratuae Sinicae, volumen primum pro infima classe, Procemium, vi.

③ 李天纲：《新耶稣会与徐家汇文化事业》，第143页。

的关联？前文已经提到，将《圣谕广训直解》作为学习中国普通百姓口语、俗谚的"样本"，置于研习儒家经典之前——这与明末清初以利玛窦为代表的耶稣会士对于中国社会、文化的态度显然有很大的区别。以上海徐家汇为中心的新耶稣会士们通过开展文教事业努力接续自身的"传统"，但毕竟他们面临的已是不同的历史处境。在通商口岸"华洋杂处"的条约体系制度下，19 世纪来华的新耶稣会士更实际地接触到了普通百姓生活的身影，亦创办了大量的世俗活动。例如在土山湾孤儿院授以教徒绘画、雕刻、木工、纺织、石印等手工技艺，其中多与教会用品有关，也有辅以文化传教开设的土山湾印书馆[①]。这即可以从一个角度说明，在 19 世纪中后期与日益增长的新教势力并行的历史环境下，天主教的传教策略也相应做出调整。在这个意义上，文本的不同布局及其价值取向是否暗示了这种潜在的竞争？

三、翻译策略与文化竞争

就同一时期出现的另一个《圣谕广训直解》的翻译本，即 1892 年由中国内地会(China Inland Mission)传教士鲍康宁主持编写的中英对照本来看，新教传教士在翻译过程中的价值取向与天主教耶稣会士存在着很大区别。鲍康宁在序言中指出，19 世纪中后期流传各地的《圣谕广训直解》给传教士学习中国口语提供了绝佳的材料，并能从中看到中国老百姓的日常生活规范。因此，为了初学者更容易有效地理解中国的事物，在翻译过程中，字面直译(literalness)需向"文体风格"(style)让步，最好是能够"符合语言习惯"地(idiomatically)将原文意思表达出来，即采用"意译"的办法使文意更加会通。相比而言，晁德莅的拉丁文翻译较为直白，基本逐字对应，并在相关词条的注释栏中对重点字句作进一步的语文学阐释。"我觉得几乎不必提醒，这些拉丁语释义几乎都是直白的，虽然在风格上考虑到了汉语的灵活性，因此必然带有中文的味道。我真心希望，中文的奥秘能够就此逐步向敏锐好学的学生打开大门。"[②]在翻译方法上，译者也坚持中文学习为主的目的，而不是鲍康宁所主张的"符合语言习惯"的意译，尽管这样可以使外国读者更容易领会到篇章的整体精髓。在某些事物或概念无法以拉丁文表达的情况下，晁德莅选择的仍然是直译，进而加以阐释，或进一步用例句对意思作补充："至于古罗马人无法言状的事物，翻译则尽可能按接近事物的样子

① 见两篇有关"土山湾孤儿院"的历史记载，黄树林主编：《重拾历史碎片——上海土山湾研究资料粹编》，中国戏剧出版社，2010 年，第 135—144、149—186 页。

② Angelo Zottoli, Cursus Litteratuae Sinicae, volumen primum pro infima classe, Procemium, v-vi.

将它表现出来。因此,你会发现这些是贴切的,并且你也可以在页面下方的示例中获得对于该事物更完整的概念。"[①]从上述几点有关翻译策略的论述中可以看出,清末来华新教传教士与天主教传教士对于中国传统思想文化资源所持的不同态度。

对于来自意大利的天主教传教士晁德莅来说,编纂如此卷帙浩繁的拉丁文-中文教程不仅是对自身中文积累的挑战,也是一个逐渐深入学习中国文化的过程。在逐卷的撰写过程中,晁德莅作为编者和译者需要涉及汉语所谓"博大精深"的各个方面,从第一卷的俗语谚语,到后几卷的经典、诗赋、文选、典故等。从序言中的叙述我们可以看到,作为一名训练有素的欧洲耶稣会士,晁德莅在他的中国老师、友人面前始终保持谦逊低调:"由于许多古人与今人树立了无数光辉的榜样,我亦不吝于靠他们博学的作品来弥补我智识之不足。……在我接受一定程度的中文训练后,我自己甚至在很久以前就对不少的中文措辞做过深入思考;然后我在很多方面虔诚地向许多中国本地读书人请教,并研读了许多权威文本;但在钻研有歧义、模棱两可的中国事物上,我不止一次地陷入迷茫,这是痛苦的经历教导我的。"晁德莅甚至坦言:"对我来说,把中文译成拉丁文要比把拉丁文译成中文容易得多;但对学生来说努力掌握中文措辞的精髓显然没有那么容易。"——这不仅是其自身谦虚谨慎品格之体现,亦显示出一位面向欧洲读者的权威汉学家对于中文的尊敬,从而在译写的过程中能够不断反省自己,并与文本中的人物、事物展开精神对话。他也曾感慨道:"我说的艰苦是:因为实在不会有什么回报,而这个过程又充满艰苦,如果没有什么别的激励,这种艰苦显然会加倍,而我们的学习热情将会降低。"[②]而这一切付出,对于晁德莅这位选择以上海徐家汇为毕生事业之地的来华外国人来说,乃是为了使他的学生们更好地掌握中文这门艰深的语言。他坚信,自己解决的文字困难越多,就可以带给后来的学习者们更多便利。

清中后期出现的《圣谕广训衍》以及《圣谕广训直解》(包括各种方言直解)主要是对康熙皇帝《圣谕》十六条(1670)以及雍正二年颁行的《圣谕广训》(1724)的解读、衍说,在不同历史时期扮演了强化儒家道德伦理及社会责任的角色,如孝悌、和睦、礼数、守业等,并以直白的语言传授给普通百姓。全篇十六条中,唯一涉及信仰问题争论的在于第七条"黜异端以崇正学"中所出现的佛教、道教以及天主教。缘于清初禁教的风气,雍正《圣谕广训》中的这一条乃视天主教为异端的内容,并将其与佛道二家并属一类,云"又如西洋教宗天主亦属不经,因其人通晓历

① Angelo Zottoli, Cursus Litteratuae Sinicae, volumen primum pro infima classe, Procemium, vi.
② Ibid., vi.

数,故国家用之。尔等不可不知也。"[①]王又朴 1726 年的《圣谕广训衍》以及后来的《圣谕广训直解》(佚名直解)都对此用白话解释道:"就是天主教,说天说地,无影无形,也不是正经,只因他们通晓天文,会算历法,所以朝廷用他造历,并不是说他们的教门好,你们断不可信也。"[②]有意思的是,在新教传教士鲍康宁 1892 年以及此前米怜 1817 年的译本中,二人基本上都如实翻译了此段白话文。廖振旺在他的研究文章中对鲍康宁及米怜的英文译文详加分析,并逐一译回中文,得出结论:"米怜将《广训》中提及的'天主'认定是罗马传教士所信仰的神,而鲍康宁则将白话解所言'天主教'解释为天主教的正统派";[③]因此,新教传教士将这一条有关"异端"的内容原文保留,似乎并不会影响到自身作为基督教新教的立场。

然而,在晁德莅《中国文化教程》第一卷的拉丁文译本中,这一条却全然不见踪影。因而,确切地说,晁德莅并没有将原《圣谕》十六条译全,很可能是故意避开了第七条中有关天主教在历史上被视为"异端"的问题。上文已经提到,鲍康宁以及晁德莅的翻译都以 19 世纪中后期流行的《圣谕广训直解》(佚名直解)为底本,但于具体翻译处理过程中,两者在标题、布局等细节上存在一些差别。鲍康宁的中英对照本前有一页清晰的英文目录,将十六条分别作短语式的概括,如第一条"敦孝弟以重人伦"对应"Duteousness and subordination";第二条"笃宗族以昭雍睦"为"Clan relationships and harmony";第三条"和乡党以息争讼"乃"Keeping the peace"等。这些虽然不是每七个字的直译,也不能说是遵循汉语内在语法结构的意译,不过作为英语标题,尚且简明扼要。两个译本在排版格式上,都是中文竖排,英文或拉丁文横排。鲍康宁在中英对照十六条的翻译文本之后,另附作于雍正二年(1724)的《圣谕广训》原文言文,竖排,没有相应的翻译或解释。为供初学者之便,鲍氏还专门编写了一册 *Vocabulary of Sacred Edict*(《圣谕词汇集》),按部首分类排序,可以配合阅读原文使用。

晁德莅的拉丁文译本不含目录,正文在第一卷的序言之后,直接从《圣谕广训直解》第一条的翻译开始。晁德莅另将原中文条目的七字短语改为四字标题,置于每一篇的开头,如"孝顺爹娘""和爱弟兄""亲爱族人""和睦乡里""种田养蚕"等,且对原直解的一些篇目进行了细微调整。除省却了第七条"黜异端以崇正学"的翻译以外,也不见第三条"和乡党以息争讼"以及第十三条"诫匿逃以免株连"的翻译。取而代之的是将原第一条"敦孝弟以重人伦"的内容分成"孝顺爹娘"与"和爱弟兄"这两条;而第三、第四条"亲爱族人""和睦乡里"即是原文

① 周振鹤撰集,顾美华点校:《〈圣谕广训〉集解与研究》,第 290 页。
② 同上,第 292 页。
③ 廖振旺:《万岁爷意思说——试论十九世纪来华新教传教士对〈圣谕广训〉的出版和认识》,第 254 页。

的第二条“笃宗族以昭雍睦”的两个部分——如此一来,全文仅十五条。清晰起见,以下分别列出晁德莅拉丁文译本中的十五条以及鲍康宁中英对照本中的十六条条目,以资对比。

<table>
<tr><th colspan="2">1879 年/1909 年晁德莅拉丁文译本</th><th colspan="2">1892 年鲍康宁中英对照本</th></tr>
<tr><td>1. 孝顺爹娘</td><td>De pietate filiali</td><td rowspan="2">1. 敦孝弟以重人伦</td><td rowspan="2">Duteousness and subordination</td></tr>
<tr><td>2. 和爱弟兄</td><td>De fratrum Concordia</td></tr>
<tr><td>3. 亲爱族人</td><td>De consanguineorum concordia</td><td rowspan="2">2. 笃宗族以昭雍睦</td><td rowspan="2">Clan relationship and harmony</td></tr>
<tr><td>4. 和睦乡里</td><td>De vicinae Concordia</td></tr>
<tr><td colspan="2">* 无此条</td><td>3. 和乡党以息争讼</td><td>Keeping the peace</td></tr>
<tr><td>5. 种田养蚕</td><td>De agrorum et bombycum cultura</td><td>4. 重农桑以足衣食</td><td>Farming and mulberry culture</td></tr>
<tr><td>6. 惜用钱财</td><td>De sobrietate expensarum</td><td>5. 尚节俭以惜财用</td><td>Thrift and economy</td></tr>
<tr><td>7. 设立学馆</td><td>De instituendis gymnasiis</td><td>6. 隆学校以端士习</td><td>Schools and academies</td></tr>
<tr><td colspan="2">* 无此条</td><td>7. 黜异端以崇正学</td><td>Heretical sects</td></tr>
<tr><td>8. 用刑惩治</td><td>De poenali animadversione</td><td>8. 讲法律以儆愚顽</td><td>Laws and penalties</td></tr>
<tr><td>9. 行礼实意</td><td>De civilibus moribus</td><td>9. 明礼让以厚风俗</td><td>Courteousness</td></tr>
<tr><td>10. 各守本业</td><td>De statuum diversitate</td><td>10. 务本业以定民志</td><td>Abiding in one’s vocation</td></tr>
<tr><td>11. 教训子弟</td><td>De educatione puerorum</td><td>11. 训子弟以禁非为</td><td>Education of the young</td></tr>
<tr><td>12. 禁告谎状</td><td>De falsis accusationibus</td><td>12. 息诬告以全善良</td><td>Prevention and of false accusations</td></tr>
<tr><td colspan="2">* 无此条</td><td>13. 诫匿逃以免株连</td><td>Sheltering deserters</td></tr>
<tr><td>13. 全完钱粮</td><td>De solutione tribute</td><td>14. 完钱粮以省催科</td><td>Payment of taxes</td></tr>
<tr><td>14. 保甲除贼</td><td>De societatibus contra fures</td><td>15. 联保甲以弭盗贼</td><td>Wards and tithings</td></tr>
<tr><td>15. 保守身命</td><td>De conservatione vitae</td><td>16. 解仇忿以重身命</td><td>Making up quarrels</td></tr>
</table>

事实上,在晁德莅于徐家汇生活的 19 世纪中后期,上海地方官们已经不再强调宣讲《圣谕广训》对于道德教化的作用了。廖振旺在他的研究中曾示一例,引 *Chinese Repository*(《中国丛报》)上转载的一位在上海的西洋教士向友人报告的亲历“圣谕宣讲”之实况[①]。该信日期为 1847 年 9 月 23 日,宣讲的地点是上海城隍庙。不过,从他的记录“该人开始极其漫不经心地朗读……群众与其说是被演讲者的演说技巧及其主题所吸引,还不如说是被我们这六个外国人的出现所引来的”,以及“官员们及他们重要的随员们都没在听朗读,而是在侧间

① 廖振旺:《万岁爷意思说——试论十九世纪来华新教传教士对〈圣谕广训〉的出版和认识》,第 249—250 页。

里享用他们的茶和芋"等,可以看出道光年间在上海城内宣讲《圣谕》已流于一种形式主义。而19世纪中后期出现的《圣谕广训直解》这类提倡愚忠愚孝的白话本,亦从一个侧面反映了皇朝末年所面临的民众道德危机。从其他类似的传教士记录中也可以看到,清同治(1862—1874)以后,地方上对《圣谕》的宣讲与康熙、雍正时期以儒家道德伦理教化民众的初衷几乎完全背离。尤其是东南沿海通商口岸的士子们,价值观趋新,不再以此为伦理纲常,《圣谕广训》反倒成为西方人对于传统中国儒家道德及政治教化的管窥之器。从中西交流史的角度来看,这不能不说是一个十分独特而有意思的现象:即同一种文本在同一段历史中所扮演的不同角色,及其所展现出的历史两面性。

四、结　　语

始于清康熙皇帝的《圣谕》十六条以及雍正年间颁行的《圣谕广训》历经清代二百余年历史,无疑是对普通百姓影响力最大的道德教化之书。出于对政治智术的回应,清代科考士子亦长期需要在考试中附带默写《圣谕广训》,不能有错。然而,从书籍史与中西交通史的角度来看,翻译《圣谕广训》却多少已经改变了此类文本的政治宣讲功能。《圣谕广训》以及此后出现的白话衍说类文本《圣谕广训衍》《圣谕广训直解》在历史上曾经出现过多种外语的译本。据此前研究归纳,自1778年至1924年,出现过俄语、英语、德语、意大利语及日语等译本十余种[①]。而本文则补充了意大利耶稣会士晁德莅于19世纪中后期在上海徐家汇所作的拉丁文译本的研究。

在中西文化交流史上,每一次翻译都包含了一个重新书写与阐释的过程。译者站在自身的文化立场上,对文本的使用也各具翻译策略。以翻译《圣谕广训》来说,19世纪的几个英译本主要服务于通商口岸开埠后新教传教士深入至中国民间活动的目的,借此了解当时普通民众的道德教化与民风民俗,并同时给在华外国人学习汉语口语提供范本。然而,19世纪以上海徐家汇为中心的新耶稣会士,在对中国文化的翻译、传播策略上则显示出与新教传教士截然之区别。从宗教、社会与文化这三者的连带关系入手,这种分歧恰恰能够反映出19世纪中后期新教与天主教在中国各地活动的不同图景及文化路径。对于《圣谕广训》作为清代道德伦理及政治教化学说的代表性文本,新教传教士如本文所提及的米怜及

① 周振鹤撰集,顾美华点校:《〈圣谕广训〉集解与研究》,第618—621页。

鲍康宁都持有强烈的基督教立场的批判态度,认为《圣谕广训》中"中国皇帝的言辞"乃停留在"单一道德层面"(mere morality)的说教,并不能给中国普通民众提供足够的精神资源与力量。而在晁德莅《中国文化教程》第一卷翻译《圣谕广训》的序言中,我们几乎找不到这种来自异文化的评价偏见,更多地则显示出作者谦蔼地与读者分享汉语学习的切身体会与感受。换言之,在新耶稣会士对《圣谕广训》文本的释义过程中,语文学的意义大于其宗教关怀。从晁德莅整套《中国文化教程》的布局来看,将《圣谕广训》置于第一卷,作为入门材料学习中国普通百姓的口语民谚,与此前明末清初来华的耶稣会士极重视研习儒家经典的文化态度亦有较大区别。因而,这又从一个侧面反映出19世纪中后期在与日益增长的新教势力并行之历史环境下,天主教在华活动策略也相应做出了很大的调整。

五、附　　录

本文下附《中国文化教程》第一卷拉丁文序言的全文翻译,以便相关领域研究者参考。(由复旦大学历史系许昊旸同学协助翻译,特此感谢!)

===================

Cursus Litteratuae Sinicae	《中国文化教程》
Neo-Missionariis Accommodatus	新手传教士适用
Auctore P. Angelo Zottoli S. J.	晁德莅
E. Missione Nankinensi	南京传教团
volumen primum pro infima classe: *Lingua Familiaris*	卷一入门课程:白话文
Chang-Hai, Tou-se-we, MCMIX	上海土山湾 1909

序　　言

写作本教程的主要目的是让我们近来刚上岸的传教士们,无须花费大量精力,短时间内在中国研究方面有长足的进步,然后他们就有能力在我们学校从事中国研究,进而尝试用中文写作。因此,我写作的目的是严肃传达中文的最精奥内核,而非给最有教养的欧洲读者们展示中国事物中的奇珍异宝;由于许多古人与今人树立了无数光辉的榜样,我亦不吝于靠他们博学的作品来弥补我智识之不足。——关于本教程:在去除所有无用和繁复卖弄的辞藻后,我自尽力使学习尽可能地容易上手;教程的注释将简短清晰,按中文的顺序,用一种紧凑的风格,呈现一切要点,省略那些触类旁通就能理解的部分;但如果课程进度很快又不带解释，那前面学过的就得不到完全的理解，必定会影响后面的学习。——教学指导：我教给学生的是在（中国）学校里到处都会通读的文本，选出的注疏也是在学校里反复教导的，我尽最大的可能遵循这些注疏者的解释，他们的权威在学校里巨大且持久。——最后，为了处理汉字，需要在解释发音体系以及定义动词和小品词上花些力气。为了尽力做到这一点，我准确传达了博学的马若瑟（Prémare）的一些评注（philologicas notas），他在这方面编纂甚多，我也适时给出了中国人的注疏，他们传下了更多。然后，我还用简明连贯的拉丁语短语，和汉字紧列在一起，这样也便于（将词的意思）按汉字顺序对应起来。这对我来说是个艰巨的工作，而且，为了更简便地描述中文的声调发音，考虑到多数人的方便，我会将中文发音拉丁化。这样一来它们看起来就像在课文里一样明了了，因此决不要试图幻想在前面这几页中理解并引申词义，但记住：我们主要是在学习语言；我对我们为了这个目的付出的艰苦劳动毫不怀疑，但这些艰苦的回报我们并不能在短时间内轻易察觉。我说的艰苦是：因为实在不会有什么回报，而这个过程又充满艰苦，如果没有什么别的激励，这种艰苦显然会加倍，而我们的学习热情将会减低。就正如我们所有人经历过的那样，学生们充满艰苦和厌恶学习中文的最大困难，并不在于到底如何理解一个作者的意思，这个意思大致可以在多数其他版本中找到，而在于这个意思如何从中文的短语中浮现出来并且如何区别于根据中国注疏家们所指字词中的言外之意。由于这个原因，我决定在本教材中对任何迂回说法小心提防，尽可能地指明它确切清晰的意思。因此如果读者的知识不足以理解所有词汇，在课文下面陈列的对语段或要点的解释就可以省去他频繁查阅字典之苦。至于古罗马人无法言状的事物，翻译则尽可能按接近事物的样子将它表现出来。因此，你会发现这些是贴切的，并且你也可以在页面下方的示例中获得对于该事物更完整的概念。此外，我觉得几乎不必提醒，这些拉丁语释义几乎都是直白的，虽然在风格上考虑到了汉语的灵活性，因此必然带有中文的味道。我真心希望，中文的奥秘能够就此逐步向敏锐好学的学生打开大门。此外，聪明的读者会很容易地发现，对我来说，把中文译成拉丁文要比把拉丁文译成中文容易得多；但对学生来说努力掌握中文措辞的精髓显然没有那么容易。

以下将是我想让您全身心投入的目标，并且接受这样的划分。教程分为五年：第一年入门班学习白话文，包括家规、杂剧、传奇、小说、俗语选，所有这些都保持俗语或口语的风格。第二年初级班，学习四书，或者学习童蒙读物（Elementarios libellos）后，学习《大学》《中庸》《论语》和《孟子》。第三年中级班，学习五经，包括全篇有注解的《诗经》和《尚书》，部分注解（散落于全书各处）的《易经》和《礼记》，以及孔子《春秋》中很少的内容。第四年高级班，学习修辞风格，内容包括有关小词、(散)文选、《左传》选，各类牍简和各类典故。第五年修辞班，包括散文和诗歌，研读八股、时文、诗歌、赋词、各种铭文与对联。因此全部教材将有五卷，除此之外还有包含辅助整个教程的第六卷《词汇集成》。因为虽然当整本教材中有生词出现的时候，因为能大大减轻学生的负担，我们都会一一做出解释，但是也有必要把所有这些新字词最终编进一册集成里，如此一来，当我们一时想不起来某个词义时，就能靠它重新回忆起来，当我们第一遍没有完全看懂时，它可以再次帮助我们理解。诚然，每一卷后面的索引表，都是与该卷课程的不同进度相适应的；因此在第一年，它不会超出白话文(白话文本身也有很多特点)的内容，而在其他卷中，为了准确习得单词来理解中文文章，索引也会愈加复杂。但这绝不是说可以立马解释所有深奥的词汇，因此，许多词汇在它们原本的注释中遇见需要争议辨析之处，会进一步在第六卷中得到讨论。

现在我来对排版进行说明。在课文中，词和词组对应着(译文)词，但只有在最初的几课译文被放在汉字下面；很快，为了让拉丁(译)文流畅，而且为了不让(逐字对应的释义)过于方便使得对记忆非但没有帮助，还会适得其反，译文将会被放在对面那页上。然后，译文中如果插入小词会让意思更清晰，或者颠倒词序能让译文更加顺耳，那么我将采取这样的方式。它们不会给学生带来任何困难，即使去掉这些改动的话，也不会对意思和理解造成任何影响。在文字顺序上，我遵循这样的规则：当汉字被插入拉丁语时，它们遵循后者的顺序；当汉字单独排列时，它们遵循自己的顺序，即从上到下，从右到左。

结尾处让我再赘一言。在我接受一定程度的中文训练后，我自己甚至在很久以前就对不少的中文措辞做过深入思考；然后我在很多方面虔诚地向许多中国本地读书人请教，并研读了许多权威文本；但在钻研有歧义、模棱两可的中国事物上，我不止一次地陷入迷茫，这是痛苦的经历教导我的。不过，虽然我犯了很多错，但你会因为我的这些错误将更多的事物看得更加清楚。因此，如果有更博学的人纠正那些严重的错误，那么最终即使是我们欧洲人也能对中国事物拥有清晰的认识。三十年前，当我在中国登陆时就曾经得到过这样的帮助！正是这样，五年后我进入我们圣伊纳爵神学院监管学生们学习！因此，我在这里或那里犯错绝不是漫无目的的，我花费在尝试中的那些辛劳也不是徒劳的。相反，因主动帮助教友们而犯错是有益的，这样我就能用更加激昂的声音指明道路，成为更加可靠的引路人。

(原文刊于《复旦学报》2016 年第二期)

《近代中英语言接触与文化交涉》后记

这本书中的大多数文字，是我 2007 年夏天从美国回到上海，任职于复旦大学历史系以后陆续写成的。很快九年过去。虽说这些年来对语言接触与文化交涉这一研究问题的思考还没有形成一个完整的体系，然而每一个章节都是围绕全书主题所作的解析性尝试。如若将问题置于中西文化交流史的写作框架中，近代语言接触与文化交涉的相关内容似不能够简单地以时间或空间序列进行编排，也很难确定哪些核心人物与事件一定就是所谓最主要的"历史推动力"。因此，难免会给人造成一种错觉，被误解为缺乏明晰的历史主体。我这里所讨论的语言接触并非语言学意义上的"语言接触"——与语言学家任务的最大区分是，我手头处理的不单是历史语言材料本身，还需要通过周缘资料还原主要文本背后的人物、事件及其思想文化语境，并进一步探究发生接触的具体过程。作为历史上发生的语言接触现象，当然涉及特定的人物群体，不过其中多数实为历史中的"小人物"，多半隐匿在他们所绘制的文本深处。从硕士研究生阶段第一次尝试撰写有关 19 世纪中外双语字典的论文开始，与各种语言接触资料打交道足有十五年之多。很多时候，一些零散资料只是爬向高处的藤蔓，自身并不说明任何问题。因此，如何在回归历史语境的前提下进入文本之灵魂深处，并做到以自身能力解读中文及外文一手资料、档案，择其关键相互补充（证实与证伪），我想依然是对从事中外文化交流史以及比较研究的学者之挑战。

此番写后记，似乎很难再调动出前一遭在博士论文完成后的欢呼雀跃及万般感慨。略值得自我肯定之处在于，很多问题的提出与史料发掘是在与前人研究对话基础上的原创性尝试。部分章节与十年前在美国完成的博士论文有一些勾连，大概不超过五分之一的篇幅。即便研究主题有一定的关联性，写作语言实则影响到具体实践过程中的多处分异——以我接受专业训练的情况为例，硕士阶段在复旦大学，博士阶段在美国宾夕法尼亚大学，中、美学术研究取径在问题提出、切入角度以及理论倡鉴等方式上都大相径庭。这不是简单的"翻译"二字所能涵盖的，有着相似海外学习经历的人或许会有同感。在复旦历史系教书的这几年中，除了逐渐找回中文写作的感觉，我也并没有放弃英文学术论文的写作，因此获得一种好似左右手并行的锻炼。不过，偶尔左右手颠倒或含糊不清，也请读者诸君谅解。

通过语言寻找“乡愁”——这是一种对语言的情感，而非能力。如果我留在美国的大学继续教书做研究，语言能力尚能通过练习加以保持，但对母语的情感却不免日渐淡漠——这是当时的我特别不愿意看到的。读中学开始，我所出生的城市上海，正呼吸着二十世纪八九十年代开放外来的新鲜空气，我也随之广泛阅读“世界名著”。如今，很难再通过老照片的光影捕捉到相似的气味了——于我而言，怀旧虽美，却缺乏细节的生动。仔细回忆那段时期的经历异常宝贵：在求知欲异常旺盛的黄金年龄段，没有过多的课外补习，才得以保证日复一日的空暇时分开卷阅读。同时，由于当时旅行条件的种种限制，行动的拘束反倒能够唤起内心对更宽阔的人文世界的憧憬。通过阅读了解外部世界，我因此想成为一名职业创作者，即使没有过于特殊的天分，做一名摄影记者也好。1996 年初，我就是抱着这样的想法考入复旦大学第一届文科基地班的。之后对语言学发生一些兴趣，也一直想继续中文系的学习，还在《中国青年报》《新民晚报》实习并发表过不少文学作品。在此，我首先要感谢高中的老师和同窗挚友们，二十年后再次见到你们使我想起了丽娃河边的那段青葱岁月。华东师范大学二附中前校长顾朝晶，我的班主任袁军以及历史老师周靖，谢谢你们关怀热爱文科的青少年，给予他们自由翱翔的心灵空间。

大学三年级时，文科基地班被分到三名“青年导师”，其中负责历史专业的是钱文忠老师。那个学期复旦历史地理研究所的周振鹤先生来给我班上课，后来才了解到，这个有着深厚传统的研究所由于仅招硕士和博士生，所以教授们一般不会给本科生专门授课——我们文科班好似享受了一种特殊待遇。不少人开始好奇，什么叫“历史地理”呀，又讲历史又讲地理么？钱导说，你们的认识太表面了，有谁想读历史地理的，我带你们去见见周先生。于是我们班先后有三个学生报了名，我是其中之一，原因是周先生上课讲的文化地理兼语言、文化、历史及地理，既广又深，很有意思。钱导颇用心，逮到机会便拉着我们几个去拜访了这些复旦名师。和周先生聊了一番，自愧只有一些浅薄的文学功底，他便说，文章拿来让我看看。我回去整理了些报纸，小心塞入一个牛皮纸信封，投到他的信箱。不久我在路上碰到周老师，他说看好了，我便去文科楼八楼他那间“书堆”办公室取。拿回一看，有两张被“批复”了，其中一张写了十个大字“叙事有条理，可以学历史”——这张报纸至今保存着，就差点装起来了。

世纪之交，我被推荐至复旦大学历史地理研究所攻读文化地理方向的硕士研究生，初步完成硕士论文之后，在与导师周振鹤先生的沟通后，决定进一步自费申请美国大学的文科奖学金，攻读博士。我通过了刁钻古怪的“吉阿姨”考试，并不知托了什么福，在专门的“托福”英语写作考试中模仿了某某培训班的八股样式，竟然接近于满分。再加上周先生给我指点的研究计划书，使得书面申请材料被多家海外大学录取。从资料与方法的专业角度而言，周先生很赞成我负笈欧美，继续中外语言接触史课题研究的想法，并写了推荐信；之后宾夕法尼亚大学到上海的招生面试，周先生还亲自陪我前往。当然，这里我还要感谢当时给我写推荐信的另外几位史地所教授，包括张修桂、葛剑雄、吴松弟诸位先生，以及张伟然、李晓杰、张晓虹、韩昭庆、李庆新、高凯、郭红、余蔚等，其中几位后来还在美国短期碰面，他们亦师亦友，对我总是关心备至，并于此后的“回国适应期”给予不少指点。

写到这里，基本说清楚了自己从事“语言接触史”研究的来龙去脉。标题中的另一半“文化交涉”自然与我2001—2007年在美国的博士学习、工作，以及2010—2011年参加日本的博士后研究项目有关。在美国的六七年时间里，要特别感谢我的两位博士论文导师梅维恒(Victor Mair)先生与普林斯顿大学的韩书瑞(Susan Naquin)女士。个中细节在我英文博士论文的后记中已有表达，在此因篇幅关系不再重复。如今，韩书瑞教授已经退休，然而她那种积极向上的精神状态一直影响着我。我去美国读书竟一晃已是十五年前的事了！梅先生现已年过七十，依然精力充沛孜孜不倦。也要感谢当时宾大的各位师友——费丝言、郑扬文、吴美慧(Grace Wu)、焦立为、吴欣、司马蕾(Hilary Smith)以及Eli Alberts等，借此机会对他们，以及所有对学问怀有初心的学者致敬！

本书上编中的第二、第三、第五章以及下编四个章节的主体文字都是我2007年夏天回到上海工作后逐篇以论文形式写成，然而在成书过程中还是围绕全书主题作了不少结构方面的调整。下编“传教士与文化交涉”更是与我2010—2011年参加日本关西大学Global-COE重点项目有着直接联系。因此，在本书出版前夕，周振鹤先生将写作序言的“任务”传输给了我博士后合作导师内田庆市先生。内田先生20世纪80年代来复旦大学留学，与周先生是三十年的老朋友了。刚做学生的时候，我就听周先生讲过很多关于他们在福州路旧书店“英雄会友”的传奇“故事”；行内不少知情人也为他们的共同爱好——“竞拍”藏书啧啧称奇。可以说，我的这项有关中外语言接触史的研究，在若干资料使用上，直接受惠于他们二人。周先生曾经把他买重了的19世纪后期邝其照的一本著作惠赠予我。在日本博士后工作期间，内田先生毫无保留地允许我使用他的架藏资料，尤其是与清代《圣谕广训》有关的西文翻译著作。我的另一位博士后合作导师沈国威先生，更是给了我参加项目资料编纂的机会，并同我分享其宝贵经验。由于修订过程中需要再次校验原始资料，沈老师还提供给我多种中外双语字典的原本及电子本。借此成书的机会，我还要向在关西大学一年期间给予我无私帮助的各位师友，特别是松浦章教授、陶德民教授，博士后同事荒武贤一郎、池田智惠，以及当时博士生在读的韩一瑾表达谢意。

本书导论中的部分文字也曾于2013年在美国的学术期刊上发表，整个投稿与修改过程之严格使我从中得到锻炼。在此向叶文心(Wen-hsin Yeh)、夏伯嘉(Ronnie Hsia)教授致以诚挚的谢意！书中大多章节也曾经以国际学术研讨会的形式口头发表，有必要感谢在各章修改过程中给予意见建议的校外评阅者：德国朗宓榭先生(Michael Lackner)与徐燕女士对第一章部分篇幅的修改建议；香港的郑培凯教授以及林学忠、黄海涛等与我2009年访学期间的交流探讨，催生了第二章的写作；台北的苏精先生，更是屡次向我传授海外访档“秘笈”，他的建议使第三及第六章有关传教士的内容增色不少。博士后期间，我有幸结识当时赴日访学的马敏教授。作为国内研究近代中国历史上传教士与教育问题的专家，他给予我当时第七章的写作以极大的肯定与鼓励。上海社会科学院熊月之、周武、王敏研究员则对第四及第八章的先期发表与修改提供真知灼见，同时感谢上海大学陶飞亚教授的具体评阅意见。第九章的完成离不开复旦大学李天纲教授的悉心指点，《复旦学报》陈文彬先生则仔细审读了与此章稿件相关的内容。华东师范大学张济顺、上海师范大学苏智良、北京外国语大学张西平及顾钧等诸位教授还推荐我参加高水平学术会议，有机会向国内史学界前辈讨教。此外，还要特别感谢香港中文大学王宏志教授、台北“中研院”近史所的学者同仁，为近年来多次创造学术交流机会所付出的宝贵时间。

细心的读者或许会发现这本专著虽然具备一定的理论框架，然而有关中外语言接触史研究最坚实的部分，莫过于有说服力的文本与史料。当然，这其中的收集与爬梳能力离不开理论指导所带来的史料敏感度；同时，基于有突破价值的史料研究反过来也会增进或修正理论见解，因此，两者是相辅相成的关系。正因如此，我也要特别感谢支持这项研究的各大图书馆及档案专家，这里仅列出与本书章节内容直接相关的机构——时任职美国宾夕法尼亚大学图书馆中文部(现斯坦福大学东亚图书馆馆长)的杨继东先生、耶鲁大学图书馆司马莉(Martha Smalley)女士、哈佛燕京图书馆马小鹤先生、英国伦敦大学亚非学院图书馆以及邀请我多次前往该大学访问的历史系劳曼(Lars Laarmann)教授，另外还有美国康奈尔大学图书馆、哥伦比亚大学图书馆、加州大学伯克利分校图书馆等。

我很庆幸自己在二十多岁的研究起步阶段，得以在业师的引导下进入这一历练文史基本功的领域。加之在美国攻博期间所接受的历史学及语言学相关理论训练,以及身处海外寻访档案资料的便利——可以说,我是在这一需要兼备中外语言能力、调和中西学术研究路径之领域中较为幸运者之一。当然,我也希望在将来进一步的探索中拓宽比较研究的视阈与方法,真正做到学问上的中西交流与会通。本书的出版,尤其要感谢复旦大学历史学系领导黄洋、陈雁老师以及刘金华书记的关心。邹振环、金光耀、顾云深、章清、高晞、张海英、王维江、刘平诸位教授给我近年的研究及写作以莫大的支持与鼓励;我所在的近代史教研室有许多曾经给我上过专业课的老师,至今记忆犹新,一并在此感谢姜义华、吴景平、朱荫贵、戴鞍钢、王立诚等教授对我回国工作后的关心与指点。与同龄人的切磋能够拓宽视野并受到启发,要感谢董少新、马建标、孙青、张仲民、章可诸位同事。本书的初稿校对还得到历史系刘保云、周之桓、钟一鸣三位研究生的帮助,在出版过程中则得到陈恒教授以及上海三联书店编辑团队的大力支持,在此深表谢意!

最后,衷心感谢我在上海的所有家人对我事业上的支持,尤其是我的父母。他们更注重对我品格的培养而非知识本身的要求,这使我在后来的问学之路上既保持自由空间又能够高度自律。希望这种气息会不自觉地传递到我可爱的女儿慕慕身上,无论她以后做什么,愿她保有一颗不媚俗的心。我的先生平日多半诗人哲学气,不过关键时候也是鼎力支持,颇有大侠风范(并特意关照此处大侠不留名)。我将最深的谢意致以我的外祖母徐月仙(1925—2009),她的一生伴随着历史的日常换装无数,谨将此书献给她。

2016 年 7 月 16 日

上海复旦大学光华楼

《早期新教传教士的中文作品与手稿研究》前言

在19世纪初清廷禁教与广州贸易制度的历史背景下，早期来华新教传教士的传教工作得不到充分的开展，继而将重心放到对中国地方社会、文化信息的采集与观察。以马礼逊为例，1807年到达广州以后，除了翻译《圣经》以外，中国文化及语言文字便是其关心的重点，借此深入了解中国地方社会文化。由于这一需要，19世纪初来华传教士多半重视编写字典、辞书以及相关中文语法、语汇类的著作。同时，应传教策略之需，中文小册作为与当地民众沟通的辅助文本，内容涉及宗教思想、社会伦理、道德辩论等方方面面，其撰写工作也亟待开展。因为传教地域的限制，早期新教传教士往往退居澳门及马六甲、巴达维亚、新加坡等南洋各地，活动范围也多囿于外乡华人社团之中。然而，正是在这些“边缘地域”译写而成的一系列“边缘文本”（相对于当时更主要的翻译中文《圣经》工作），为日后新教传教士进入中国内陆奠定了文化沟通及思想对话的重要基础。19世纪中后期在“条约-传教”的历史背景下，欧美各差会传教士迅速投入到中国各通商口岸的传教工作中，其重要任务之一便是重印或改写之前已有的中文小册。他们尤其注重选择跟社会伦理、宗教对话相关的主题，并与实际工作环境相结合。可以说，早期以文本布道为目标而写就的传教士中文作品，乃整个19世纪至20世纪初基督教在华的文字、教育以及社会工作的重要开端。而我们也可以从后来的传教士结合自身需要不断重写、改写早期经典作品的过程中看出，因时地而异的文本变化与新教在华历史活动的变迁两者之呼应。因而，有必要将这些中文作品加以整理，并择其要者结合中、外史料，从文本结构内部入手，作出与历史语境相符的分析、解读。

本课题研究的六篇论文即围绕上述主题——“早期新教传教士的中文作品与手稿研究”进行。第一篇论文《早期来华新教传教士的中文作品与翻译策略——以米怜为中心的讨论》以奠基人物米怜（William Milne，1785—1822）为研究对象，系统讨论了19世纪初期米怜翻译、编写的多种中文宗教小册，以及为此后传教士进一步开展“文本布道”策略所打下的基础。论文结合其在伦敦会档案中保留的工作日志、报告、书信等手稿资料，进一步探讨翻译文本中所展现出的中西宗教对话、文化竞争及其形成的历史背景。第二篇论文《文本、书院与教育：伦敦会早期在马六甲的对华传教准备工作》进一步讨论了1818年始米怜在英国伦敦会的支持下，于马六甲英华书院编写并印刷、使用中文宗教小册的历史情境。英华书院不仅设置了多样性的课程科目以吸引马六甲当地的华人学生，还十分重视宗教小册的印刷工作。遵循“文本布道的宗旨与计划”，以米怜为主的历任校长与传教士，长期致力于中文宗教小册的编写与印制，为新教对华文字布道工作奠下基石。本论文与前人研究相比，突破口在于研究将英华书院视作一项近代教育的有机载体，将其作为鸦片战争前伦敦会对华传教准备工作的一个综合性机构进行考察并兼顾这一机构所运行担当的职能，可以为深入了解19世纪早期英国的对华外交方针、文化策略等提供一个参考的背景与视角。

第三篇论文《近代基督教三字经与中西语言文化接触》选取了跨19世纪颇具代表性的中文基督教《三字经》为主题，研究这一时期传教士的主要中文作品有助于加深对早期来华新教传教士“本土化”策略或基督教本色化问题的认识。传教士根据《圣经》的主要内容编写三字一句形式的基督教《三字经》，最初寄希望于这一形式上模仿中文经典的宗教宣传品能够在思想传播上起到类似于中文三字经的“蒙学”启蒙作用。在文本的逐步改写、衍生、编订过程中，我们不仅可以看到中文基督教《三字经》一百多年间的版本流传，还可以进一步借此思考19世纪中西文化冲突、竞争与调适等问题。借鉴文学作品“文本间性”这一跨学科的思考维度，传教士掌握中国语言，进而在中文老师的协助下“催生”出来的作品，其本身即内化了传教士对中国思想文化的接受与取舍。因而在文本的历史成型过程中，选择什么样的主题、内容、形式，以及在多大程度上与西方基督教思想原型进行适配与调整，皆能够反映出这一时期文本所呈现出的中西文化竞争与文化冲突问题。

第四篇论文亦在档案手稿资料调查的基础上展开讨论传教士翻译、阐释中国经典的问题。作为19世纪来华传教士学习汉语的入门材料，清代雍正年间颁行的《圣谕广训》以及此后出现的白话衍说类文本《圣谕广训衍》或《圣谕广训直解》曾被多次译成外语。一般认为，跟《圣谕》相关的这些材料多为新教传教士所采用，原因在于其语言风格、宣讲形式，以及道德教化内容等，皆可以给他们对中国底层民众的宣讲策略提供“在地”的文化参照。然而，有关《圣谕广训》的学习材料也曾出现在天主教传教士编选的中文—拉丁文对照学习课程中，这是前人研究中未及讨论到的。在19世纪中后期担任上海徐汇公学教务长的意大利籍耶稣会士晁德莅(Angelo Zottoli)编写的五卷本 *Cursus Litteraturae Sinicae*(《中国文化教程》,1879—1883)中,雍正年间的白话文《圣谕广训衍》全本十六条被译成拉丁文位列首卷首篇。这一学习路径与此前16至18世纪来华的天主教传教士对中国传统经典的侧重有着策略上的区别。《中国文化教程》的撰写,其历史背景与19世纪70年代以上海徐家汇为中心的新耶稣会士所创设的"江南科学计划"紧密相关。其中,晁德莅负责汉学部分,为新来的天主教传教士提供汉语学习的课程读物。论文即进一步探讨晁德莅《中国文化教程》的文本布局与19世纪后期新耶稣会士的传教策略可能存在的联系。(该论文作为项目中期成果发表于《复旦学报》2016年第2期。)

第五、第六篇论文乃围绕英国伦敦会案卷中所藏之梁发1830年《日记言行》手稿(约四万字)进行校订、整理与解读,并结合历史语境进行文本分析,探讨其作为稀见史料在19世纪早期汉语基督教文献结构中的位置与意义。作为早期新教来华传教士助手或"中间人物",梁发撰写的这本历时八个月的日记事实上乃是一部工作"日志"。在日志中,梁发围绕1830年"科举分书"活动的前后进行展开,不仅对宗教小册的撰写、印刷、分发情况有详细记载,且亦多处提及其自身的宗教活动,包括对宗教书籍的阅读、讲授,并涉及基督教与中国南方本土信仰的对话与辩论。第五篇论文还进一步结合梁与早期来华新教传教士马礼逊、米怜等人的通信,以及教会内部的相关资料,在此基础上探讨梁发重要作品如《劝世良言》中所展现出的中西宗教对话、文化竞争及其形成的历史背景。第六篇论文则更侧重对梁发"科举分书"活动路线的讨论,以及从阅读史的角度挖掘19世纪早期传教士撰写的中文宗教小册所关涉的文本受众、读者想法反馈等问题。最后,在结项成果所附附录中,笔者详细校订了这份长达四万字的日记手稿。手稿除了能够反映上述已探讨的问题之外,还可以为研究梁发《劝世良言》作品的形成提供互证,亦能从一个侧面反映出鸦片战争前中国南方的本土民间信仰以及社会风俗等细节。(这两篇论文作为项目阶段性成果分别发表于《近代史研究》2017年第6期、《世界宗教研究》2019年第3期。)

对传教士一手回忆录、报告、档案,尤其是手稿的解读、运用将是开展本课题历史过程研究的关键所在。在1985年费正清与白素珍(Suzanne Barnett)合作编写的 *Christianity in China: Early Protestant Missionary Writings*(《基督教在中国:早期新教传教士的作品》)一书中,多数研究者已经注意到传教士个人手稿的运用,可谓这一研究领域的开山之作。然而这一代的美国中国问题研究学者多半仍受到"冲击—反应"论的影响,导致文本选取受到问题意识的局限,讨论文本与中国历史、社会背景的关系也不够充分。这一时期的相关课题研究亦多集中在传教士的个人经历、传记方面(如马礼逊、裨治文、伯驾、郭实腊等人物研究),却因中文史料运用的局限,忽略了传教士如何通过与中国地方社会的接触而逐步认识中国本土文化,并结合本土文化进行传教策略调整等问题。21世纪以来,这一研究领域渐呈活跃态势,国内外各研究团队开展了多项对于传教士报刊、日记、传记的整理与翻译工作(见周振鹤、张西平、耿昇、宫泽真一等主持的系列译作、史料影印及档案整理)。台湾学者苏精则直接使用伦敦会、美部会的手稿资料,近年来出版了多本著作,集中讨论了多名来华新教传教士的传教经历与印刷活动。本课题在前人研究的基础之上,以早期来华新教传教士的中文作品(尤以宗教对话、文化竞争主题)为中心,结合伦敦会档案(CWM/LMS)、美部会档案(ABCFM),以及传教士手稿日记等一手资料,对传教士与中国本土社会文化这两者之间的关系进行具体而深入的研究。这项基于传教士手稿阅读及文本分析的基础性研究不仅能加强对19世纪初中外关系的深化理解,且对进一步认清鸦片战争前中国华南沿海的政治、文化格局有着推动意义。

[原文为《早期新教传教士的中文作品与手稿研究》;国家社会科学规划基金资助项目(项目批准号:15BZS088,完成日期:2019年12月)前言]

The Genealogy of Dictionaries: Producers, Literary Audience, and the Circulation of English Texts in the Treaty Port of Shanghai
(摘要)

Abstract: In the circulation of English language in the treaty port of Shanghai, dictionaries were a key element that brought together authors and audience. Beyond its content, a dictionary also yields clues to the social circumstances of its origins. By examining who produced bilingual dictionaries and who used them for the study of English, the paper outlines the social genealogy and cultural biography of the language study medium. For mid-nineteenth century Shanghai's foreign language market, a bilingual dictionary was a significant milestone. It highlighted the gap between spoken Pidgin and written English, constituting the demarcation between two linguistic repertoires commanded by two different groups. On the one side, there were Pidgin English speakers, including so-called linguists, rickshaw coolies, prostitutes, and servants, who used English primarily to make a living in the Settlements. On the other side, there were people who wanted more than oral Pidgin: intellectuals and the new elite needed English for understanding Western learning. Therefore, the emergence and evolution of dictionaries reflects the changing demands of English-speaking Chinese. Dictionaries therefore serve not only as tools for language study, but also as special lenses through which one can observe the socio-linguistic milieu of language contact.

摘要:英语在19世纪通商口岸的传播过程中,文本是一个连接作者与受众的关键因素。除了内容之外,字典提供了关于其自身起源的社会环境之线索。通过考察双语字典的作者以及使用者,本文勾勒出语言学习媒介的社会谱系与文化脉络。对于19世纪中期的上海外语市场而言,双语字典是一座具有重要意义的里程碑。它凸显了洋泾浜英语口语与书面语的鸿沟,并区别出两类不同的使用群体。一方面,有一群包括所谓的"通事"、人力车夫、妓女以及仆人在内的洋泾浜英语使用者,他们主要是为了在租界谋生而使用英语;另一方面,有一些人并不满足于口语形式的洋泾浜英语,知识分子以及新兴精英群体需要利用英语了解西方知识。因此,字典的出现及演变反映了使用英语的中国人变化的需求。由此可见,字典不仅仅是语言学习的工具,也是特殊的棱镜:通过它人们可以观察到语言接触背后的社会语言环境。

(原文刊于 *Sino-Platonic Papers*, 151 June 2005)

The Circulation of English in China, 1840–1940: Historical Texts, Personal Activities, and a New Linguistic Landscape
(摘要)

Abstract: My dissertation project focuses on language contact and its social history in nineteenth and early twentieth-century China. By examining how Western languages and ideas influenced the native social life in the treaty port of Shanghai, I wish to demonstrate how language transformation became one of the historical stimuli that shaped a new linguistic landscape of the city. My dissertation investigates how English was circulated among different groups of local people in nineteenth- and early twentieth-century Shanghai, and what cultural consequences a foreign language brought to a treaty port society. I have divided chapters according to the two circulation methods, i.e., orality and literacy. In the first part, I focus on ordinary people's oral and visual English throughout their daily practices and examine how English in an oral-visual format became embedded in the social activities of local Chinese. In the second part, I cover how dictionaries and reference books as materials for the study of English proliferated. By addressing the subjects of authorship, readership, and the market for English study together, I also try to explore how the business of text making and publishing became more and more professional, which led to a wide range of professionalization of English study toward the mid-twentieth century. My research indicates that English was a cultural phenomenon rather than an academic subject when it entered Shanghai in the mid-nineteenth century. During the second half of the nineteenth century, materials for the study of standard English emerged, which made the learning of English evolve into a professional stage. In as much as English was incorporated into the city's new cultural landscape toward the late nineteenth and early twentieth century, its linguistic identity was transformed by being transcribed into Chinese and thus, English turned into part of local people's vernacular repertoire. The one-hundred-year history of English in the treaty port of Shanghai, therefore, manifests the shaping of a new linguistic landscape from which contemporary Shanghai culture grew.

摘要：我的论文关注的是发生于19世纪以及20世纪初中国的语言接触及其社会史。通过考察西方语言及思想如何影响到上海通商口岸的本土社会生活，我希望能展现出语言转变是如何成为塑造城市新语言景观的历史因素之一。我的论文考察了英语在19世纪以及20世纪初的上海是如何在不同的群体中流通，以及外语给通商口岸社会带来了哪些文化影响。根据口语以及书面语两种不同的传播模式，我将文章分成了两部分。在第一部分，我关注到普通民众日常生活中的英语口语交流以及英语的视觉化呈现，并分析了以口头-视觉方式呈现的英语是如何融入当地中国人社会活动的。在第二部分，我介绍了作为英语学习材料的字典以及参考书是如何迅速发展的。通过同时考察与英语学习相关的作者、读者以及市场，我也尝试着探索印刷业和出版业的专业化之路，及其所催生的20世纪中叶大范围的英语学习专业化。我的研究表明，英语在19世纪中期进入上海时并非一门专业学科，而是一种文化现象。在19世纪的下半叶，关于标准英语学习的材料出现了，并推动着英语学习的专业化。由于英语在19世纪末20世纪初成为城市新文化景观，故其语言特性因被转录为中文而改变。因此，英语成为当地日常生活文化的一部分。由此可见，英语在上海通商口岸的百年历史所反映的是一种新兴语言景观的塑造，而近代上海文化正是从这一语言景观中被孕育出来。

（原文为作者的博士论文，Dissertations available from ProQuest. AAI3225545）

Life around English: The Foreign Loan Word Repertoire and Urban Linguistic Landscape in the Treaty Port of Shanghai
(摘要)

Abstract: This article discusses the connection between foreign languages and the city landscape of the treaty port of Shanghai. As one of the dominant foreign languages, English played a key role in transforming the cultural landscape of Shanghai in the late nineteenth and early twentieth centuries. Although few Chinese people spoke English in Shanghai in the 1840s, by the early twentieth century, local people of various social strata were employing English in their daily life. Moreover, English gradually appeared in the landscape of the treaty port, in forms such as road signs in English, signboards using Roman letters and commercial brands in Chinese characters transliterated from English. This article explores how this new linguistic landscape emerged, consolidated and expanded into local Chinese people's living spaces.
Key words: treaty ports; linguistic landscape; foreign languages; commercial culture

摘要：本文讨论了外语与上海通商口岸城市景观之间的联系。作为主要的外语之一，英语在形塑19世纪末20世纪初上海的文化景观时发挥了关键作用。尽管在19世纪40年代，上海很少有中国人说英语，但到了20世纪初，当地各社会阶层的人都在日常生活中使用英语。此外，英语逐渐以不同形式出现在通商口岸的景观中，包括英语路牌，使用罗马字母的招牌以及由英语音译而来的中文品牌。本文考察了这种新型语言景观是如何出现、被巩固和扩展到当地中国民众生活中的。
关键词：通商口岸；语言景观；外语；商业文化

［原文刊于《复旦学报》英文版 *Fudan Journal (The Humanities and Social Sciences)*, 1 (Mar. 2008): 126-143］

Breaking Through the "Jargon" Barrier: Early 19th Century Missionaries' Response on Communication Conflicts in China (摘要)

Abstract: Tracing the origin and circulation of the "jargon" spoken at Canton, the paper examines how "jargon" became an issue of Sino-foreign communication conflicts in the early 19th century, and how Westerners responded to it. As a lingua franca spread extensively in the Canton trade, the so-called "jargon" (a pidgin form of patois) played an essential role as communication tool between Chinese and foreign traders. However, in the eyes of missionaries in early 19th century China, the normal Sino-foreign contact process was interrupted and distorted by both parties' overusing of the jargon. In this regard, early Protestant missionaries' support of Chinese language study reveals an initial effort to break through the "jargon" barrier.

Keywords: Canton System; jargon; pidgin; missionary; Chinese Repository

摘要：通过研究广东贸易中"行话"的起源与社会流传，以及西方人对"行话"的认识与态度，揭示19世纪初中外文化交流史上的一次话语权力的冲突。作为18世纪起在广东沿海广为流传的贸易通用语，这种混杂了多种语言成分的洋泾浜语"行话"乃当地中国商人、通事等与外国人沟通的唯一工具。然而在19世纪初来华新教传教士眼中，过分依赖于中国人主导的贸易"行话"以及缺乏正规学习中文的途径，皆成为中外正常交流的羁绊。由此可见，早期来华新教传教士所编写的大量中文著作显示出19世纪初来华西方人为争取交流主动权所作的尝试。

关键词：广州贸易体系；行话；洋泾浜语；传教士；《中国丛报》

[原文刊于 *Frontiers of History in China*, 4.3 (Sept. 2009): 340-357]

Collecting and Collection: Local Chinese Culture in Robert Morrison's Dictionary (摘要)

Abstract: Taking the personal experience of Robert Morrison into account, this paper focuses on the rapport between the author and his works. As the first Protestant missionary to China, Robert Morrison endeavored to learn the Chinese language and to collect local cultural information, so as to encyclopedically present his knowledge of Chinese through the language reference books he compiled. This paper examines the range of linguistic registers of the represented examples from Morrison's dictionaries, so as to discuss the way in which various registers are combined into the text and how they are related with different social arenas. Placing Morrison's works in a wider social and intellectual context, this paper also discusses issues of cultural exchange between China and early nineteenth-century Europe.
Keywords: English-Chinese dictionary; Robert Morrison; Protestant missionaries; local Chinese culture

摘要：通过考察马礼逊的个人经历，本文着重讨论作者与其作品之间的关系。作为第一位来华新教传教士，马礼逊努力地学习汉语、收集当地文化信息，并由此通过编写语言参考书来对其掌握的中文知识进行百科全书式的呈现。本文考察了马礼逊字典中具有代表性的例子的语域范围，以探讨不同语域是如何被整合入文本之中，及其如何与不同社会领域发生联系。本文还将马礼逊的字典放置于一个更大的社会及思想背景，以探讨中国与 19 世纪初期欧洲的文化交流。
关键词：英中字典；马礼逊；新教传教士；中国本土文化

［原文刊于《复旦学报》英文版 *Fudan Journal (The Humanities and Social Sciences)*, 4 (Dec. 2009): 104-122］

Reprinting Robert Morrison's Dictionary: Producers, Literary Audience, and the English Language Market in Nineteenth-Century Shanghai (摘要)

Abstract: By examining the four reprints of Robert Morrison's Wuche yun fu (Five wagonloads of words) produced during the second half of the nineteenth century, this paper outlines the emergence and evolution of Chinese-English bilingual dictionaries and their role in spreading standard English to a wider literary audience in the treaty port of Shanghai. In the language mosaic of treaty port society, bilingual dictionaries highlighted the gap between spoken pidgin and written English, demarcating two linguistic repertoires commanded by two different groups. In exploring the socio-historical background of the publication history of these dictionaries, this paper also sheds light on the publishing market, especially English study aids in late nineteenth-century Shanghai.

Keywords: Robert Morrison; reprints; bilingual dictionaries; literary audience; English publications; Shanghai

摘要：通过考察马礼逊所编译的《五车韵府》在19世纪下半叶的四份重印本，本文勾勒出英华字典的出现与演变，及其在上海通商口岸向更多识字受众传播标准英语时所扮演的角色。在通商口岸社会里的“马赛克式”的语言景观中，双语字典凸显了洋泾浜口语以及书面语之间的鸿沟，并划分出两类群体所使用的不同语汇。在探究这些字典出版的社会历史背景时，本文还对19世纪末期以英语学习工具为主的上海出版市场进行了阐释。

关键字：马礼逊；重印；双语字典；识字受众；英语出版物；上海

[原文刊于 *Frontiers of History in China*，6.2 (June 2011)：229-242]

Treaty-Port English in Nineteenth-Century Shanghai: Speakers, Voices, and Images
(摘要)

Abstract: This article examines the introduction of English to the treaty port of Shanghai and the speech communities that developed there as a result. English became a sociocultural phenomenon rather than an academic subject when it entered Shanghai in the 1840s, gradually generating various social activities of local Chinese people who lived in the treaty port. Ordinary people picked up a rudimentary knowledge of English along trading streets and through glossary references, and went to private schools to improve their linguistic skills. They used English to communicate with foreigners and as a means to explore a foreign presence dominated by Western material culture. Although those who learned English gained small-scale social mobility in the late nineteenth century, the images of English-speaking Chinese were repeatedly criticized by the literati and official scholars. This paper explores Westerners' travel accounts, as well as various sources written by the new elite Chinese, including official records and vernacular poems, to demonstrate how English language acquisition brought changes to local people's daily lives. I argue that treaty-port English in nineteenth-century Shanghai was not only a linguistic medium but, more importantly, a cultural agent of urban transformation. It gradually molded a new linguistic landscape, which at the same time contributed to the shaping of modern Shanghai culture.

摘要：本文探讨了英语进入上海通商口岸的情况和随之而来的使用群体。19 世纪 40 年代进入上海后，英语成为一种社会文化现象而非一门学科，并催生了生活于通商口岸的中国本地人的各种社会活动。普通人在贸易街上以及词汇表中掌握了基本的英语，并在私立学校提升了语言技能。他们用英语与外国人交流，并用之探索以西方物质文化为主导的外来存在。尽管英语在19世纪末能帮助掌握它的人获得小规模的社会流动，但使用英语的中国人形象仍遭到文人士绅以及官方学者的反复抨击。本文探讨了西方人的游记以及包括官方记录与白话诗在内的各类中国新兴精英撰写的资料，以展示对英语的掌握如何改变了当地人的日常生活。我认为，英语在19世纪上海的通商口岸不仅仅是一种语言媒介，更重要的是，它是一种城市转型的文化动因。它在逐渐塑造一种新的语言景观，后者也在同时推动着近代上海文化的形成。

[原文刊于 *Cross-Currents：East Asian History and Culture Review*，6（March 2013）：38–66]

Humanistic Approach of the Early Protestant Medical Missionaries in Nineteenth-Century China

（摘要）

Abstract: The efficacies of Western and Chinese medicine have been under debate for a long time, and the whole issue still raises questions for the contemporary world. The article emphasizes the humanistic approach as well as the scientific method of the early Protestant medical missionaries to China, so as to give a more comprehensive scope to understand their historical roles and practices in a cross-cultural context. The authors also wish to call for a global readership to further discuss this historical legacy with regard to the reception of Christianity in contemporary China and other East Asian countries.

Keywords: efficacy; humanity; medical missionaries; medical science; Robert Morrison; Peter Parker; Protestant missions; religion; traditional Chinese medicine

摘要：关于中西医功效之争存在已久，相关问题仍旧在当今世界被提出。本文着重介绍了早期在华新教医学传教士的人文主义与科学方法，以便在跨文化语境中更全面地理解他们的历史性角色与实践。作者还呼吁全球读者就基督教在当代中国和其他东亚国家的接受情况对这一历史遗产作进一步讨论。

关键词：功效；人文；医学传教士；医学；马礼逊；伯驾；新教传教；宗教；中医

[原文刊于 *Journal of Religion and Science*. 51. 1 (March 2016): 100-112]

同行书评

“洋泾浜英语”的意义

——读司佳《近代中英语言接触与文化交涉》

顾　钧*

题记：司佳的英年早逝让人扼腕叹息：如斯吉人，而有斯疾。2007年夏在美国耶鲁大学我巧遇司佳，和她一见如故。最近十多年，我们多次在会议、讲座上见面，相谈甚欢。每次司佳谈得最多的是她的种种科研计划，这些后来都逐步得到实施，集中体现于她的专著《近代中英语言接触与文化交涉》。天假以年，她一定会写出更多更精彩的论著。她的专著出版后我曾写过一篇书评，在她逝世即将一周年之际，谨以此文表达难以忘却的纪念。

——顾钧 2021年8月30日

近代以来的中英关系表现在多个方面，关于贸易、战争、外交、教育、思想等方面，学界已经积累了比较丰富的成果，关于两次鸦片战争研讨尤多。而语言(英语)问题却甚少有人关注，这其实是一个很重要的方面，只要有人员的交往，就存在语言的问题。在近代特别是近代早期，中英交往(主要是贸易)中的语言状况是怎样的呢？复旦大学历史系司佳教授所著《近代中英语言接触与文化交涉》(上海三联书店2016年10月版)为我们提供了一份精彩而详细的解答。

根据司佳的研究，在19世纪60年代中国人开始学习正规的英语之前，中英交往中的主要语言形态有三种：早期的澳门葡语，18世纪中期至19世纪初的广东英语，19世纪中叶后的上海英语。

据史料记载，近代第一批来华的西方人是葡萄牙人，明嘉靖三十二年(1553)一些葡萄

* 顾钧，北京外国语大学教授。

牙殖民者强行上岸租占了澳门。为了生活和做生意的需要,他们必须与当地人进行语言交往,由此产生了最早的中西混合语——“澳门葡语”。这一语言成为很长一段时间内广东沿海商业交往的通用语,早期来华的英国和其他国家商船必须依靠懂得澳门葡语的中国通事才能进行贸易。据记录,这一语言“是葡语和汉语的大杂烩,它的用法和发音与真正的葡萄牙语相讹如此重大,以致刚从里斯本来的人几乎听不懂”(S. W. Williams, “Jargon spoken at Canton”)。此后取代澳门葡语地位的广东英语同样是一种“大杂烩”——英语和汉语的大杂烩。英国第一艘商船到达中国是在崇祯八年(1635),此后随着贸易量的不断增加,东印度公司于1715年建立了广州商馆,广东英语大致就于这一时期应运而生,此后这一语言伴随着英国在中西贸易中地位的提升而不断扩大影响。作为英语的一种变体,广东英语先在华南一带流行,以广州、澳门、香港为中心,到19世纪中叶五口通商以后开始盛行于上海外国商馆集中的洋泾浜,遂称“上海英语”,或“上海洋泾浜英语”。这两种中国式英语的共同特点是句法简单,词汇量小(全部词汇不超过700个),发音用中文方式,差别在于一个用粤言,一个用吴音。典型的广东英语如“希”(he)、“哥”(go);典型的上海英语如“赫士勃”(husband)、“摩登”(modern)。

说这些语言的乃是所谓中国通事。广义的通事包括买办、掮客、职员、仆人等和英国人打各种交道的中方人员。他们说的语言虽然蹩脚——常被称为“破碎英语”(broken English)——却在中国沿海贸易中使用了二百年之久。造成这一情况的原因,一方面是中方通事出身底层,无力也无心学习正规的英语,另一方面则是英国人因畏难而不愿意学习汉语,宁可屈尊地学习这种洋泾浜英语。于是出现了这样一种有趣的现象,刚到中国来的英国人听不懂广东或上海英语,更瞧不起,但为了做生意却不得不放下架子开始练习,并在与中国人的日常和贸易交往中熟练使用。

鸦片战争前,外国人学汉语的环境是很不理想的,清政府严禁中国人教授洋人汉语,否则有杀头的危险。所以直到19世纪30年代,英国人中真正懂汉语的只有两个人:马礼逊(Robert Morrison,最早来华的英国传教士)和德庇时(John Davis,东印度公司广州商馆高级职员,后成为香港第二任总督)。但为了帮助中国人学习洋泾浜英语,有关教材却应运而生。19世纪初叶的教材如《红毛通用番话》《华英通语》《夷音辑要》等现在只能在大英图书馆才能得以一见。据司佳介绍,《红毛通用番话》虽然号称是最早的洋泾浜英语字典(16页,收字约400个),但整册不见一个英文符号,所有词语均以繁体汉字与广东土语标音对应,比如汉字“一”标音为“温”(即英语的“one”)。这样的发音,无论是国人还是洋人,在未学习之前都感到非常滑稽可笑。

近代中英之间的语言接触充满了各种有趣的事情，是一个非常有意思的学术课题。作为学术研究首先当然应该从语言学的角度切入。司佳在研究中引入了语言接触(Language Contact)的理论和方法论，语言接触隶属于"接触语言学"(Contact Linguistics)的研究范围，是社会语言学研究的一个分支。社会语言学的历史本身不算长，语言接触从其中的一个课题发展成为接触语言学，更是相当晚近的事，但业已成为语言学发展的一个新侧面与新方向。对此国内目前的研究还很少，是个值得开拓的领域。司佳这本书充分借鉴了国外最新的语言学成果，特别是有关混合语(Creole)的理论，并将之用来研究中英语言接触，具有很强的示范作用。

但司佳并不满足于此，她还力图从历史学的角度对澳门葡语以及两种洋泾浜英语进行研究。特别是后两者。比如，她已经注意到，上海开埠后，最早做翻译的都是广东人，他们跟随最早一批由广州迁至上海的洋行买办们而来，被称为"露天通事"，最初有36人左右，正是他们把广东英语带到了上海。稍后宁波等地的浙江丝绸商人也到上海来寻找发展机会，他们慢慢开始用自己家乡的发音方式来说英语，于是使用吴语音系的上海英语开始产生，并逐渐取代了广东英语。1860年他们自筹资金，出版了用宁波话标音的《英话注解》(后来多次重印)，不仅开创了上海英语书面学习材料的先河，也使这一语言更加固定化。

司佳通过研究后发现，虽然1863年随着广方言馆和其他公私外语学校的建立，学习正规英语已经有了正常的渠道，但洋泾浜英语仍然大行其道，以至于延续到20世纪初，竟然成了外国人与中国上层人士之间的一种交际语，直到20世纪中叶才退出历史舞台。由此可知语言接触背后存在着历史推动力，从社会史的角度来研究语言大有可为。司佳这本书正是沿着这个思路来做的，用她自己的话来说："本书的主要工作，不仅试图将近代中西文化交流进程中因语言接触而导致的一系列'结果'呈现出来，更重要乃挖掘其在历时变化过程中所受到的多种因素之影响，以及由此而链接起来的'历史'。"(第4页)

研究洋泾浜英语历史的难点之一在于中文文献很少，本来中国人就不太留心记录外国的事情，加上中国通事乃是传统史料所忽略的群体。这应当是国内学者少有人涉足这一课题的原因。司佳这本书的一大贡献就在于挖掘了大量的外文资料和底层史料。比如关于广东英语最早的记载出现在安森(George Anson)1748年的航海录中，比较完整的记录则出自1762年诺伯(Charles F. Noble)的笔下，他用接近原话发音的单词摹写法记下了多个句子，让我们得以了解这一语言的最初面目，其中两句是这样的：

Carei grandi hola?(你要大个的吗?)

He no cari China man's Joss, bap oter Joss.(他不敬中国的神,他有自己的神。)

由此我们不难发现洋泾浜英语的一些显著特点:两句话中的动词 carei/cari,都是 carry(携带)的洋泾浜表达方式,体现了中式英语主要动词“一词多义”的特点——可以携带人、事物,也可以“携带”宗教信仰。发音方面,元音音位偏前:but-*bap*,双辅音弱化为单辅音 other-*oter*。语法同样体现了简化的原则,第一句疑问句是将动词直接挪至句子的最前面,省却了助动词 do 以及相关的人称与时态,且同时省略了主语。规范的表达应该是 Do you want to carry a big (one)?第二句则简化了否定词,直接用 no 前置于动词,而不是 does not, do not 或 did not——所有人称与时态都可以用“no-动词”的固定方式来表达。

司佳的文献挖掘不止于游记、教材等历史语言资料,更旁及文学作品,比如她找到了最早用中国洋泾浜英语写的诗歌 Topside Galah(这两个洋泾浜英语单词的字面意思是“登上顶峰的欢呼”,刊于 1869 年美国《哈勃月刊》),由此深入讨论了清代中国人在海外的形象问题。以往学者的讨论集中在“长辫子”等生理形象上,司佳则深入挖掘了语言形象问题(详见第二章),非常具有开创性和启发性。

[原载 2017 年 3 月 9 日《粤海述评》微信公众号,后收入《比较文学与比较文化论丛》第二辑(中国商务出版社 2020 年 7 月版)]

《近代中英语言接触与文化交涉》：打开历史的另一个窗口

章　可*

题记：在阅读、采访和整理过程中，我们认识到语言接触在社会语言学框架之外的重要作用，惊叹于司佳教授对于语言接触现代语言和当代文化形塑过程的精准描绘，也痛惜天妒英才、为司佳教授溘然长逝无限扼腕。希望各位老师、同学在勉励进取的工作和学习生活中多加爱惜自己的身体！

愿伊人芳华永驻，思想久存。

——谨以此文缅怀司佳教授

两河相汇，往往不是泾渭分明，而是激扬起更加澎湃的浪花；语言更是因为接触交流，在变化中被赋予了鲜活的生命。语言的接触与交流，深刻影响了近代中国社会变迁。语言接触理论无论是对于历史现象的解释，还是对于文化差异的理解都有所裨补。

复旦大学历史学系司佳教授撰写的《近代中英语言接触与文化交涉》一书，以大量史料文献为基础，研究了洋泾浜语、早期双语字典和基督教《三字经》等若干中英语言接触的产物，勾勒出近代中英语言接触与文化交流前沿阵地的风貌，从这一窗口观察近代中国社会，并提出一套以史学研究方法为主、兼具跨学科视野的研究体系。

为更好认识"近代中英语言接触与文化交涉"这一主题，深入理解司佳老师的研究思路，《复旦青年》邀请了复旦大学历史学系章可老师为我们作进一步的解读。

* 章可，复旦大学历史学系副教授。

章可

复旦大学历史学系副教授

研究方向：中国近现代思想史、概念史、中外文化交流史、史学理论

青年：本书中强调“语言接触是文化交流中不可或缺的前提和先导”，您如何看待语言接触研究与它与社会学、史学、语言学等多学科的关联呢？

章可：“语言接触”这个课题的提出确实非常重要，它打破了孤立地、静态地看待某种语言自身发展的思维模式，引入了流动的视角。语言和语言的使用者都不是处在真空当中，而是时时受到特定的外部环境影响的，尽管这些影响有时不太引人注意。我们每个人在一段时间里都会接受并使用一些新词汇、新说法，甚至很多时候不加反思地在日常生活中频繁使用。近现代中国发生了“三千年未有之大变局”，而汉语在最近的两个世纪里面同样发生了巨大的变化。以词汇为例，今天我们使用的汉语中就有大量来自西方语言、日语或其他语言的外来词。

从学术研究的角度，语言载负着思想观念文化，我们研究“文化交流”和“社会转型”，为的是去了解中国和世界如何从古代逐步转变成今天的样子。研究最基础的工作之一就是关注语言的变化，背后的原理就在于“语言塑造世界观”。研究语言接触不是史学的专利。语言接触也时时在发生，新词汇、外来词、新表达方式仍在不断出现。语言学和各种社会科学研究中提出的一些新理论和视角，也能为我们看待历史上的语言接触带来很多帮助，就像司佳这本书里提到的。

青年：“通事”是中西语言接触的重要中介，书中提及他们同时受到中西双方的歧视，可以说他们位于各自文化圈的最边缘。沦于边缘地位是否因为“通事”身上存在着两种文明的特征，使人们对其出现“非我族类”的心理？

章可：“通事”在近代中外交涉和贸易当中一般指的是中间人群体。他们常常充任翻译，地位不高甚至受到歧视。

国人对他们的态度和“华夷之辨”有一定关系，在相当长时间里，“通夷语”（懂欧洲语言）并不是很值得骄傲的事情。但是，通事往往在交涉中发挥重要作用，在鸦片战争时期，官府大量征召通事。没有他们，交涉就无法开展。

"通事"地位不高的主要原因是他们的出身。有些通事来自中下阶层，在交涉中仅仅扮演"工具"的角色。有些通事是未领牌照、不被官府认证的"野生"，有些通事因为混血儿的身份而遭受歧视。

此外，当时的通事专业技能不过关。以今天的标准看，通事中很多人英语水平相当有限。近代很多外国传教士和外交人员曾提到，他们遇到的通事中，真正能听懂普通英语对话的不多，极少能阅读英语文件。可以想象，大多数口头翻译质量并不高，沟通比较勉强。而且也不排除有些人有意两面欺瞒，从中谋取利益等。长此以往，自然不太会受人尊敬。

青年：司佳教授关注到当时中国底层人物群体对洋泾浜英语形成的影响，并探讨了底层人物职责分工对这种语言形式的内在发展起到的影响；这一部分在过去的研究中由于相关原始资料分布零星而较少涉及。您是否可以分享一下司教授继承内田庆市、周振鹤等先生，在本书中展开进一步探究的创新之处？

章可：正像你说的，早先对洋泾浜英语的研究因为史料零散不系统，很多说法只是大概言之。而近些年来由于周先生、内田先生和司佳教授的发掘，许多19世纪底层民众学习英语的小册子等资料相继面世，开始受到更多学者的关注，历史细节便逐渐清晰起来。在部头较大的辞典之外，这些词汇和语言小册更"接地气"，能够给我们提供丰富的社会史和语言史信息。比如司佳在本书中着重分析的、1860年宁波商人编写出版的《英话注解》。此书用宁波话汉字注音，帮助人学习常用的英语商业对话，实用性很强。

此外，本书的另一贡献是分析了大量的"间接性"材料，也就是18到19世纪欧美游记、回忆录和报刊上对中国洋泾浜英语的记载和评述。我们经常说"旁观者清"，这些以英语为母语的人对洋泾浜英语的记述反而更加生动，有丰满的场景感，可读性也更强。

青年：书中大量梳理和运用了社会性史料，并且主要从社会下层的语言变迁来展现"洋泾浜语"的发展过程，这是否意味着不同文明接触的前沿与中心主要位于"民间"？此外，您如何看待本书对《圣谕广训》这类官方史料的利用？

章可：文明交涉的中心地带并不一定在民间。"文明接触"包含很多种情况和类型，不能一概而论。本书的研究从中国洋泾浜语开始,我们先以此为例。

早期洋泾浜语的发展和民间贸易密不可分,在沿海地区从事贸易的民众可以说身处语言和文明接触的"前沿阵地"。但从学者的眼光来看,民间的语言接触其实广度有限、不够系统,仍处于一个"破碎"的状态当中。

随着交流的频密和文明接触的深入,各类知识精英便开始"接管"语言接触。比如辞典字书的编纂者,比如受过良好教育、试图用中文写作和出版书刊的外国传教士等,他们或多或少都有这类意图。本书从第三章之后开始谈《五车韵府》《字典集成》等,"下编"谈传教士编写的基督教《三字经》等,都反映了洋泾浜语使用主体的变化。

再说《圣谕广训》。《圣谕广训》本身就是很有价值的一种沟通官方和民间的文本,各种方言的《圣谕广训》稿本抄本更是在民间宣讲中起到了核心作用。近代以来在华的天主教和新教传教士对《圣谕广训》的看重是语言接触当中一个非常有趣的现象,因为他们发现研习《圣谕广训》对他们学习中文官话和各地方言很有帮助,且他们如果希望以汉语来口头传教布道,方言版的《圣谕广训》也是很好的学习对象。本书的第八章谈的是卫三畏(Samuel Williams)对《圣谕广训》的研习,第九章谈耶稣会士晁德莅(Angelo Zottoli)对《圣谕广训直解》的关注和翻译,都是很细致的个案研究。

青年:书中提及的众多在近代语言接触与文化发展史上起到重要作用的外国人士大多是怀揣传教的宗教使命而来到中国的,虽然没有推进语言交流的主观目的,但在客观上他们以编纂字典、撰写传教小册等方式推动了语言的交流。我们可以看到,书中的传教士们都遵循着"异文化学习者—自我改变—异文化的对抗者和竞争者"这种带有功利主义色彩的演变规律。我们明白现代社会的人不可故步自封,不了解、不学习异文化,但又担心学习的双方各自走向民族文化本位的另一种极端。您认为,怎样才能达到两者之间的平衡从而带来文化间有益的交流互动?

章可:说到近代来华的传教士,绝大部分传教士在学习中国文化这种异文化之初,目的都是为了传教。只有更好地使用在地语言、融入在地文化,才能达到吸引信徒、宣扬基督宗教之目的。所以在很多时候,他们同时具备异文化"学习者"与"竞争者"这两重身份,司佳在书中也表达过这层意思。但当传教士们向着传教目标努力的这个过程中,"语言接触"这个副产品也就产生了。这样的现象不仅仅发生在中国,其实广泛存在于非西方世界。

那么如何看待不同文化间的交流互动呢？这个问题要考虑到两个层面。其一是历史层面。文化交涉是已经发生、今天的我们无法改变的历史过程。近代的中外文化交流以欧美殖民势力向东方的扩张为背景，其核心是最早出现于欧洲的“现代性”向中国的传播，同时中国在军事和政治对抗中的接连失败，沦为弱势。但我们不能因此就把“文化交流”看成是单纯自西向东的“文化侵略”，忽视交流带来的积极意义。其二是现实层面。理想的文化交流应遵循文化自身发展变迁的规律，尽可能摒除宗教、意识形态等因素的影响，承认一般性标准的存在，在相对平等的环境中，估量各种文化的价值。换句话说，如果我们把文化视为“商品”，那么它必然需要一个平等竞争和相对自由的“市场”。可惜这并不容易做到。

青年：书中多次提及“种族中心主义”对中西文化交流的影响，也指出了在交流中双方对彼此的偏见和带有这种偏见色彩的形象建构。事实上在各文化群体中都一直存在着所谓“蛮夷”的观念和对他族的“蛮夷”形象建构，这种建构是否是文化交流中构成阻碍的因素？

章可：就书中谈的这些文化交流的例子而言，如果有“偏见”，那么双方偏见形成的原因略有不同。对西方人而言，偏见不光来自种族中心主义，还包括基督宗教的宗教本位主义，两者混合在一起；对中国人而言，偏见主要来自传统“天朝上国”“华夷之辨”思维下的文化优越感。从宏观的角度来说，这些当然会对文化交流产生阻碍。

但我觉得更重要的是，宏观上的偏见和隔膜并不应掩盖在具体微观例证中个人所作的卓绝努力。比如本书中谈到的马礼逊、麦都思、卫三畏、邝其照、晁德莅等人，他们的工作都为中西“语言接触”做出了重要贡献。20世纪以来中国人的外语学习大大受惠于这些先辈。今天处于“信息社会”的我们已经很难体会他们当时编写辞典、从事翻译时的艰难了。

从史学研究的角度。学者可以综合各种资料去重构他们当时的思想观念心态等，但就一般公众评价而言，我觉得更重要的是“论迹不论心”，更关注其文字成就。历史上的偏见已然存在，我们今天不应在反复纠结中让这些偏见以其他形式延续下去。

青年：导论部分提到“近代中西文化交流史上，中国的文化主体地位未曾动摇”，“因而由于观察角度不一，西方话语主导的叙事者所界定的历史推动力并不能简单作用于中西语

言接触与文化交流”。在这样的认知基础上，本书在展现近代中西文化交流进程中因语言接触导致的一系列“结果”的同时，更挖掘其在历时变化过程中所受到的多种因素的影响，以及由此链接起来的“历史”。您怎样解读最终的文本呈现？

章可：你提到的这段话，确实是司佳这项研究的主旨之一。首先，她的研究对象主要是19世纪。以往一些社会语言学家基于后设观念，习惯性地把这段历史描述成西方强势的、西方反复冲击的、似乎总是由西方主导的历史。

而实际上，近代中外的“语言接触”并不是这样一方压倒另一方的简单过程。比如早期的洋泾浜英语，就是在沿海地区从事贸易的国人中发展起来，本质上是“以我为主”的，具有很强的实用取向的。再比如，传教士为了使宣教产生更好的效果，自发地学习本土语言和表述方式，客观上实践一种外来文化的“本地化”。所以，所谓的“历史推动力”并不是单向运作的，这个过程中起作用的因素很多，我们需要回到具体的历史场景，进行细致分辨。我觉得本书中洋泾浜英语、基督教中文《三字经》及《圣谕广训》这几项研究都很好地贯彻了作者的意图。

青年：本书主要以中西交流的前沿地带语言变化为研究对象。类似这样的语言交流前沿地带是否可以作为特定时空对不同的文明或者文化族群的大致分界线？以中国为例，就近代“华夏”这一文化概念整体而言，是否能够通过对本土语言与外来语言的接触地带研究而大致框定一个语言学视角上的近代中华文明范畴？

章可：“语言”和“文明”是两个不同的范畴。今天我们总是习惯于以当下的民族国家观念去勾画历史上的中华文明界限，这会遇到一些问题。如果说“中华文明”的范围大于“汉族文明”，那么历史上中华文明内部“语言接触”的现象已经发生过很多次了。我不认为研究语言接触是为了框定“华夏”或者“中华”之类文明的范畴，相反，我觉得应就语言谈语言，以一种动态的眼光来看语言的变化和相互影响过程，而不要太拘泥于民族国家或所谓文明的界限。

青年：本书的研究包含着翻译学、社会学、史学、宗教学等多学科的内容，属于交叉学科研究，您对这一研究方向的未来发展有什么展望吗？

章可：确实，本书研究和多个学科都有关联，虽然总体的研究意识更偏近于传统历史学。严格说来，我本人并非这行专家，“展望”谈不上，只是借此说些个人想法。我觉得本书主要是从历史和文献研究的角度，考察“语言接触”和“文化交涉”，与传统的社会语言学相比，本书对历史细节的把握更加全面而生动。据我所知，除已发表的论著外，司佳教授在此方向还有一些新的研究计划，可惜我们已无法见到，实在令人痛心。

说到未来的发展，一方面是资料有望进一步开拓。这有两层：第一是新资料的发掘，比如司佳在本书出版后又发表的对中国第一代基督新教教徒代表梁发《日记言行》手稿的研究，就是很好例子，当下虽有疫情阻隔，但总体而言，近年来国际旅行、探访资料的条件已比二三十年前要好很多，相信未来会有更多新史料面世；第二有待发展的是对既有资料的深入利用，就19世纪的中外“语言接触”而言，学者已提到大量辞典、词汇手册、语法书、传教书籍和册子、相关人物笔记手稿等，很多资料包含内容极为丰富，可以从多个角度开展研究，因此挖掘空间仍然很大。

另一方面是理论和阐释层面有待进一步提升。19世纪以来的中外“语言接触”，给汉语带来了巨大的变化，这种变化在世界语言史上也是极为重要的。个人期待将来的学者能从更大的视野来看近代中外语言接触，将其与其他语言间的接触互动进行比较，进而再来反思推动语言接触的历史和文化动因，以构建某种规律性认知。“语言接触”研究在语言学的框架里只是社会语言学的一支，但我总觉得它应具有更大的学术影响力，它能帮助我们更为精准地认识现代思维和形塑现代文化的各种力量。

（原文刊于《复旦青年》，2021年2月1日）

边缘接近中心：重审近代语言接触的多元文化面向

——读《近代中英语言接触与文化交涉》

沈园园

一、文本与人物：语言接触的社会文化史

语言接触(Language Contact)是一个语言学术语，隶属于社会语言学(Sociolinguistics)研究的一个分支"接触语言学"(Contact Linguistics)，专门研究因文化接触而发生的语词借用、洋泾浜(Pidgin)，以及混合语(Creole)等语言现象。在以欧美为主导的学术话语框架下，20世纪80年代以来的研究者多将"语言接触"视作近代西方殖民主义、资本主义扩张等一系列"不平等"历史推动力(historical forces)作用下的一种文化史结果[①]，关注的多为近代历史上曾经遭受过西方殖民统治的国家和地区。然而，在近代中西文化交流史上，中国的文化主体地位未曾动摇，中国文化总体上依旧保持着较为强势的面貌。因而，西方话语主导的叙述者所界定的"历史推动力"并不能简单作用于中西语言接触与文化交流。

与语言学家不同的是，受到20世纪下半叶文化史以及新文化史理论思潮的影响，历史学家更倾向于重新审视"语言接触"的多元文化面向。有鉴于此，司佳教授在《近代中英语言接触与文化交涉》一书中，不仅致力于将近代中西文化交流进程中因语言而导致的一系列"结果"呈现出来，更重要的乃挖掘其在历时变化过程中所受到的多种因素的影响，以及由此而链接起来的历史[②]。本书除导论外，分四大主题：洋泾浜英语、早期的英汉双语字典、基督教《三字经》和《圣谕广训》的方言手抄稿与拉丁文译本，共九章，每一章都是围绕"近代

---

① 代表性学者如美国社会语言学家吉莲·桑可芙(Gillian Sankoff)，参见 Gillian Sankoff, "Linguistic outcomes of Language Contact," in Peter Trudgill, J. Chambers & N. Schilling-Estes, eds., *Handbook of Sociolinguistics*. Oxford: Basil Blackwell, 2001, pp.638-668。

② 司佳：《近代中英语言接触与文化交涉》，上海三联书店，2016年，第4页。

中英语言接触与文化交涉"这一课题所做的解析性尝试。

上编"洋泾浜语到双语字典"注重对语言接触最基本的介质——从接触的最初形态"洋泾浜语"到逐步正规化的"双语字典"——进行探讨，对近代中国社会变迁过程中的新的"语言图景"作了生动的还原与剖析。司佳教授指出，这并不是一个简单的正向发展过程。通商口岸开埠后，洋泾浜英语的使用群体反倒进一步扩大。这种实用性较强且易于口耳相传的"非正规"性质的语言，有助于特殊人群(通事、买办、洋行职员以及 20 世纪初部分普通民众等)在华洋杂处的新兴移民城市中提升经济与社会地位。

下编"传教士与中西文化"则以蒙学读物《三字经》与清代皇帝的《圣谕广训》两个案例为代表，突破中国经典作品的外译与文化传播这一思路框架，将视角切换到文本的"形式"与"内容"两者的联系上，从而为研究者考虑中外宗教冲突与文化调适这一对矛盾关系时提供新的启发。麦都思的基督教《三字经》，将蒙学三字读本的功能融入宗教思想的传播过程中，对早期新教传教小册的写作产生了巨大影响；晁德莅所作的《圣谕广训》拉丁文译本，则反映出 19 世纪中后期新教与天主教不同的活动策略和文化路径。

近代中英语言接触这一课题研究的书籍与史料，由于不受传统中外典籍收藏架构所限，因而非常零散，但史料的原貌又是非常重要的——它们是方法论的基点。从硕士阶段第一次尝试撰写有关 19 世纪中外双语字典的论文开始，到《近代中英语言接触与文化交涉》一书出版的 2016 年，司佳教授与各种语言接触资料打交道足有十五年之久，足迹遍布中国(复旦大学、上海徐家汇藏书楼)、美国(宾夕法尼亚大学、哈佛大学、耶鲁大学、康奈尔大学、加州大学伯克利分校、哥伦比亚大学)、英国(伦敦大学亚非学院、牛津大学)、日本(关西大学)……可见其用功之久，用力之深。本书所使用的史料，如双语字典、传教士档案、18 至 20 世纪初外国人撰写的有关亚洲及中国的航海旅行记、回忆录、英文报纸与传教士创办的杂志、刊物等，多来源于相关领域一手史料所藏的专业机构——海外图书馆及档案馆。囿于语言和距离，国内学界对此的利用并不充分，因此本书的史料指引和拓展之功亦不可没[①]。书后的五个附录[②]，是其坚持求索一手史料并推进语言接触史前沿课题研究的一个缩影。

---

① 台北"中研院"近代史研究所近代史数位资料库中的"英华字典"一项，给研究者带来检查原文条目的便利；美国(SINO-PLATONIC PAPERS《汉学-柏拉图研究》)、日本(日本关西大学近代东西言语文化接触研究会《或问》)、香港(香港中国语文学会《语文建设通讯》)的大学及研究机构的学术刊物为语言接触研究提供极好的学术交流平台，参见司佳：《近代中英语言接触与文化交涉》，第 7 页。

② 附录 1 邝其照《英语成语辞典》序言(中译)据 1881 年 A. S. Barnes & Co.版本；附录 2 麦都思《三字经》巴达维亚 1823 年；附录 3 麦都思《三字经》上海 1851 年；附录 4《训女三字经》新加坡 1832 年；附录 5 卫三畏家族档案《圣谕广训》方言手抄稿中宁波土白与苏州土白各一例。

通过对一手中外文史料的发掘与解读(证实或证伪),司佳教授做到了在“回归历史语境的前提下进入文本之灵魂深处”,背后折射出“十年磨一剑”的匠心,也充分体现出历史学家的技艺。

二、跨学科视野:“语言接触”的研究取径

“语言接触”的研究最早是在语言学学科范围内展开的。两种语言相互接触时,最易引出的结果是词汇的彼此影响而产生“借词”。1936 年,上海天马书店出版了胡行之编写的《外来语词典》,这是中国第一部汉语外来词词典①。1958 年高名凯、刘正琰的《现代汉语外来词研究》,是中国语言学领域涉及汉语外来词的先驱性研究②。

然而,“语言接触”如果仅停留在从语言学的角度分析新词和外来语的特征,便只能成为一种“接触的语言”(Contact Language),失去了“语言接触”(Language Contact)的本意。从这个意义上讲,这一问题的研究发端,当首推意大利学者马西尼(Federico Masini)的《现代汉语词汇的形成:十九世纪汉语外来词研究》一书,该书不仅关注汉语新词的产生,还对晚清的译书机构进行了系统的考察,并对汉语新词的分类问题进行思考③。与此同时,周振鹤和游汝杰合著的《方言与中国文化》,对不同文化间的语言接触提出“问题化”的思考主旨④。2001 年由郎宓榭(Michael Lackner)、顾有信(Joachim Kurtz)、阿梅龙(Iwo Amelung)编辑出版的《新词语新概念:西学译介于晚清汉语词汇之变迁》(*New Terms for New Ideas: Western Knowledge and Lexical Changes in Late Imperial China*),汇辑了欧洲汉学界关于汉语新词之西学来源的一系列成果⑤。

日本学界亦较早开始关注有关中日两国“语言接触”的问题,且成果颇为丰硕。实腾惠秀于 1960 年出版的《中国人留学日本史》中,就有“现代汉语与日语词汇的摄取”一章,专门

---

① 胡行之编:《外来语词典》,天马书店,1936 年。

② 高名凯、刘正琰:《现代汉语外来词研究》,文字改革出版社,1958 年。

③ Federico Masini, The Formation of Modern Chinese Lexicon and its Evolution toward a National Language: the Period from 1840 to 1898, Berkeley: Journal of Chinese Linguistics, Monograph Series, no.6, 1993. [意] 马西尼著、黄河清译:《现代汉语词汇的形成:十九世纪汉语外来词研究》,汉语大词典出版社,1997 年。

④ 周振鹤、游汝杰:《方言与中国文化》,上海人民出版社,1986 年。

⑤ Lackner, Michael, Iwo Amelung & Joachim Kurtz, et al. New Terms for New Ideas: Western Knowledge and Lexical Changes in Late Imperial China. Leiden: Brill, 2001. [德] 郎宓榭、[德] 顾有信、[德] 阿梅龙著,赵兴盛等译:《新词语新概念:西学译介于晚清汉语词汇之变迁》,山东画报出版社,2012 年。

分析了20世纪初赴日中国留学生回国以后对日译新名词的传播作用①。日本关西大学内田庆市、沈国威，以及东京成城大学的陈力卫等教授则特别关注从词汇交流史的角度展开中—日—欧语言接触史研究，借助"新词"在这个时期内的形成过程透视出东西思想的碰撞以及文化互动，并提出"言语接触与文化交涉"这一研究课题②。内田庆市、沈国威所在的日本关西大学东西学术研究所还十分重视原始资料的撰集及影印出版工作，比如对《红毛番话》《遐迩贯珍》《字典集成》等中西语言接触史上重要资料的研究解题③。

在近代中国知识转型与学科分类问题上，"语言接触"也是一个重要的研究环节。西学传入近代中国后，急需大量表述新知识、新技术的语词。中西文化背景的差异使得对西方物质、科学等概念的翻译成为一种复杂的"思想与释义"的相互交流。传统的中国近代思想文化史研究进入"近代知识转型"的学术视野之后，借鉴语言学领域中西语言接触史研究的成果和方法，开辟了"观念史""概念史"等研究路径。在文化史研究范式的影响下，书籍史、阅读史等相关课题不仅在历史学领域更受重视，在海外汉学史、外语教学史等诸学科中也占据一席之地。复旦大学历史学系思想文化史领域的学者以及复旦大学中外现代化进程研究中心、北京外国语大学海外汉学研究中心、中国人民大学清史研究所等机构近年来也涌现出大量著作，极大地丰富了语言接触的研究视角与内容方法④。

司佳教授的研究便是在上述脉络的基础上展开的。硕士就读于复旦大学历史地理研究所，博士毕业于宾夕法尼亚大学，又曾在日本关西大学进行博士后研究，得益于历史学及语言学相关理论训练和身处海外寻访档案资料的便利，她创造性地运用日本学者提出的"文化交涉学"概念，从"边缘"接近"中心"（边缘并非仅指地域的边缘，也指学术专业及相邻研究领域中存在的边缘与中心的关系），用中外文一手资料、档案重新诠释近代中英"语言接触"这一课题，通过周缘资料还原主要文本背后的人物、事件及其思想文化语境。诚如内田庆市教授在序言中指出的，这是一部"在前人研究基础上有史料建树并具问题新意的佳作"⑤。

---

① ［日］实藤惠秀著，谭汝谦、林启彦译：《中国人留学日本史》，生活·读书·新知三联书店，1983年。

② 文化交流研究一般都是以两个国家、民族前提展开的，研究的领域也是限定在具体的言语、思想、民族、宗教、文学、历史等学科之中。而文化交涉有两个超越，一是超越国家民族性的研究框架，另一个是超越以往人文科学各个学术领域的研究框架。我们设定东亚这一文化复合体，考察其内部的文化生成、传播、接触和变形等，以多角度的和综合性的观点来解析文化交涉的形态。参见潘德宝：《日本的汉语教学研究——内田庆市教授访谈录》，《书屋》2013年第10期，第29—30页。

③ 详见日本关西大学东西学术研究所网页 http://www.kansai-u.ac.jp/Tozaiken/publication/publication.html.

④ 司佳：《近代中英语言接触与文化交涉》，第8页。

⑤ 司佳：《近代中英语言接触与文化交涉》，第1页。

三、超越民族国家:“语言接触”的内涵与外延

1. 作为文化现象的洋泾浜英语

在前人对中国洋泾浜英语的语言学研究基础上,司佳教授致力于从历史学角度解读洋泾浜英语这种特殊的语言形式所依赖的社会环境。在第一章“语言的纷争：近代通事与洋泾浜语的历史”中系统梳理了中国洋泾浜英语的形成过程,勾勒了早期的澳门葡语——18世纪中期至19世纪初的广东英语——19世纪中后叶的上海英语的演变路径。通过深入剖析那些在历史上直接参与“语言接触”活动的“说话者”,即18世纪至19世纪初“广州贸易”中参与洋行交易的中国商人、通事及仆人,以及19世纪沿海通商口岸对外贸易活动中的买办、通事及洋行职员等边缘性人物在近代社会变迁过程中的身份变化,她亦使洋泾浜英语超越了语言学意义本身,从微观史学角度发掘“小人物”与近代中西交往“大潮流”的关系。

在第二章“见闻、谈资与讽刺诗”中,她以18、19世纪英美出版物中一系列有关洋泾浜英语的评论文章为主线,探讨了其“语言形象”在西方视阈中的演变脉络,以及说洋泾浜英语的“清国人”之“形象”在西方社会中的传播,在史料创获和研究视角方面都极具启发意义。她指出,西方人对中国洋泾浜英语的记述大致经历了旅行见闻、实景对话、列词汇表、改写诗歌,以及杜撰讽刺性笑话等多种形式,并逐渐萌生对“语言形象”的多种文化阐释。

2. 19世纪的特殊性

需要指出的是,晚清来华的新教传教士,其译介活动应当被放在19世纪以降“现代性”在全球范围内的拓展的背景下讨论。19世纪被思想家描述为“科学的世界”,这个时代以英、法、德等欧洲国家为引领者通过知识的扩张和凝缩,决定着人类的理智进步①。这就导致19世纪知识在世界范围内的大迁移。在大觉醒运动和卫斯理复兴运动的基本信念下,大量新教传教士前往海外传教。无论是双语字典的编纂,还是报刊的发行,抑或新词的创制,都是在全球宗教与知识互动这一背景下进行的。司佳教授在第三章“汇字与字汇：早期英汉字典里的中国文化”中指出,早期英汉双语字典的编纂者同时也承担着“文化观察者”的任务：字典、词典不仅成为后来者学习汉语的途径和介质,更是传递了有关中国语言文化的一系列本土信息,并迎合了当时欧洲国家由于殖民、贸易扩张而产生的对东方世界的好奇

---

① ［英］梅尔茨：《十九世纪欧洲思想史》,商务印书馆,2016年,第26、79页。

心。而在接受者一方，以19世纪两次鸦片战争为序幕而开启的晚清“西学东渐”，对传统儒家知识分子的精神世界产生了重大影响，中国传统思想、学科、语言以及知识体系由此经历了剧变与转型。字典辞书等语言接触的文本介质在其间扮演什么样的角色，也是值得探究的内容。在第四章“《五车韵府》的重版与近代上海出版业”中，司佳教授通过挖掘《五车韵府》重版的社会原因，以文化史及书籍史视角探讨通商口岸日益兴起的西学、新学对近代中国知识转型与社会变迁的影响。有趣的是，在19世纪中后期英语向通商口岸各阶层人群传播的过程中，曾经出现“语”与“文”并存的现象。双语字典突出了口语和书面语之间的“社会性”区别——在开埠后的上海，英语口语和书面语作为两种不同的语言形式涵盖了两个不同的读者群体。

3.“形式”与“内容”

由于清廷禁教的关系，早期新教传教士采取“文本布道”策略。马礼逊认为，“中国、交趾支那、东印度群岛中国人居住地、琉球群岛、朝鲜王国以及日本帝国的庞大人口，都使用中文作为书面语言，这是一个足够供千百人来开拓的巨大领域”[①]。因此，不同于明末清初的耶稣会士对“四书五经”的重视，新教传教士们的目光不可避免地也汇聚到了东亚文化圈的蒙童汉字教材中。《三字经》《百家姓》《千字文》等都进入了他们的视野。

司佳教授在第六章“近代基督教中文《三字经》与中西语言文化接触”中，立足于《三字经》的文本脉络，通过剖析基督教《三字经》作为异质文化而生长于本土社会的历史背景，切入中西语言接触史上有关“形式”与“内容”的一个关键性命题——19世纪早期来华新教传教士如何借鉴中国传统蒙学读物的文字形式，以调整宗教小册的内容及思想定位。同时，“三字”一读的语言空间作为形式，是否满足抑或限制了外来宗教文化思想的书写与表达？她指出，通过借鉴中国传统蒙学读物《三字经》的结构与形式，麦都思的《三字经》不单在形式上有效缓和了中文口授与识字水平之间的对立，在内容主旨上也充分体现出新教传教士对异文化的一种观察视角，以及在与异文化对话过程中所展现出的主动性。它既遵循了福音派逐字解读布道文本的传统，又尽可能覆盖较大的受众范围。这种“形式”与“内容”相互结合的双重有效性使其在19世纪20年代以后的一个世纪中获得了持久的生命力[②]。

① 吴义雄：《在世俗与宗教之间——基督教新教传教士在华南沿海的传教活动》，广东教育出版社，2000年，第66页。
② 司佳：《近代中英语言接触与文化交涉》，第135—158页。

四、结语：基于异文化碰撞的语言接触

从16世纪葡萄牙人东来直至18世纪中后期围绕"广州贸易"的中外势力交锋，进而延展到19世纪中后期沿海通商口岸的开埠，由语言问题导致的文明冲突与文化交涉的事例大量存在，并反过来进一步影响到本土语言自身的变化和发展。在"语言接触"过程中，多是双向或多向交流的例子。明末欧洲传教士来到中国，不仅带来了西方的宗教、艺术、科学技术，也向欧洲传播了中国的语言和文化。自此以后，中国被卷入了世界发展的潮流之中。西方语言学家对汉语的考察，促进了语言类型学和普通语言学等理论的建立和发展。而随着西学东渐的进程，欧洲语言也深深影响了汉语、日语等东亚语言。四百多年来的东西语言接触的背后，映射的是历史潮流中东西方的社会变迁和文化互动。语言接触问题，若放在长时段背景下考察，能够勾勒出更为系统的脉络。司佳教授《近代中英语言接触与文化交涉》一书，有意识地突破传统近代史的传统分期，将研究时段拉长，把近代中英语言接触置于中西文化交流史的大环境下，由语言"接近"历史，亦由历史"解剖"语言，借鉴了语言学的理论却不囿于语言学的讨论，通过"语言图景"的勾勒和"文化冲突"的解读，为交叉学科的研究开启一个理论和实践的宽阔领域。

中外语言接触史的开启，或可以追溯到汉代张骞出使西域之时。汉语最早的一些外来词，如"苜蓿""葡萄"（莆桃）等记音，即来自汉代丝绸之路成功开拓以后的中外文化交流。魏晋至隋唐，佛教东来及佛经的翻译，梵语和汉语接触，留下"刹那""阿鼻"等佛教词汇。但东西方第一次真正意义上的大规模的语言接触，要追溯到地理大发现后，16世纪天主教传教士的东来。

1547年，有"东方传教先驱者"之称的天主教传教士沙勿略（St. Francis Xavier）来到日本，"辄惊日本人对其比邻大国之文学哲理深致敬佩，盖此为日本全部文化之本也"[①]，虽然沙勿略最终并未进入中国，但其在日本的传教实践、对中国文化的切实感受以及至死不渝的入华传教精神对此后的传教士产生了深远影响，"不仅成为早期耶稣会士关于中国的知识的重要来源，而且直接导致了罗明坚（Michele Ruggieri）、利玛窦（Matteo Ricci）等人的入华传教，并对其传教策略的采用起了重要的影响"[②]。另一个耶稣会重要人物范礼安

① ［法］费赖之著，冯承钧译：《在华耶稣会士列传及书目》，中华书局，1995年，第1页。
② 戚印平：《沙勿略与耶稣会在华传教史》，《世界宗教研究》2001年第1期，第66页。

(Alessando Valignano)则是更加深刻地认识到了语言对于他们传教事业的重要性。所以,在途经和居留澳门时,他给罗明坚留下了要好好学习汉语,并伺机进入中国传教的指示。利玛窦在其《中国札记》中,就明确指出"任何以中文写成的书籍都肯定可以进入全国的十五个省份而有所获益。而且,日本人、朝鲜人、交趾支那的居民、琉球人以及甚至其他国家的人都能像中国人一样地阅读中文,也能看懂这些书。虽然这些民族的口头语言有如我们可能想象的那样,是大不相同的,但他们都能看懂中文,因为中文写的每一个字都代表一样东西。如果到处都如此的话,我们就能够把我们的思想以文字形式传达给别的国家的人民,尽管我们不能和他们讲话"①。

近代以前,东亚长期以汉字文化为基础,建立起了统一的秩序与文化,即所谓以中华为中心、以儒教为共同理念、以汉字作为通用文字的"东亚文化圈"。这一最早由日本学者西嶋定生提出的概念②,或可以解释在传教士庞大的传教计划中,东亚缘何被视作一个整体。彼时,汉文不仅据有中、日、朝三国共同语文的地位,而且日语和朝鲜语的口语,由于长期受书面语"汉语"的影响,也保留着大量的"汉语"词汇,而汉字的表意性以及可以意音分离的这种完全相异于罗马字的记录符号,着实吸引了传教士们新奇的目光。自罗明坚和利玛窦合编了第一部汉外官话辞典《葡汉辞典》(*Dizionario Portughese-Cinese*)后,"在1575至1800年间,传教士曾编过60多种汉语或汉外对照类辞书,大部分为抄本,约有50多种保留至今"③。

19世纪初,当马礼逊以及米怜、麦都思等英国传教士发现一时无法敲开中国的大门时,便将马六甲视为恒河外方传教团(The Ultra-Ganges Mission)在远东地区的"耶路撒冷",在那里建立"英华书院"(Anglo-Chinese College),开办印刷所,编纂并刊印《华英字典》《日汉汉日辞典》以及《朝鲜伟国字汇》等双语和多语对译辞书,为进入中国、日本和朝鲜这些他们所谓的"黑暗地区"传播"光明"做准备。这一做法显然是继承了耶稣会士的"遗产"。

无论是明末清初来华的天主教耶稣会士,还是晚清来华的新教传教士,其在东亚的传教活动是一个有机的整体,那么,他们所主导的语言接触势必也是有整体性的,而且是互动的④。因此,在搜集与解读传教士相关的语言接触史料时,有必要将东亚当成一个整体考

① [意]利玛窦、[比]金尼阁著,何高济、王遵仲、李申译:《利玛窦中国札记》,广西师范大学出版社,2001年,第341页。

② 参见[日]西嶋定生:《東アジア世界と冊封体制——六一八世紀の東アジア——》,《中国古代国家と東アジア世界》,東京:東京大学出版会,1983年。

③ 王力达:《汉语研究小史》,北京:商务印书馆,1963年,第124页。

④ 陈辉:《论早期东亚与欧洲的语言接触》,浙江大学,2006年,第20页。

虑,而非过度"放大"中国的情况。要进一步推进语言接触的课题,有必要进一步由"边缘"接近"中心",重视东亚其他各国的资料,如琉球官话资料、朝鲜资料、满汉、满蒙资料等。值得注意的是,在西学东渐的大背景下,汉语一方面对汉字文化圈的其他语言产生了巨大的影响,另一方面也受到了汉字文化圈其他语言,尤其是日语的深刻影响。其中最重要的就是利用汉字接受西方新概念这一问题上的"共创、共享"①。

参考文献

（按作者首字母音序排列）

一、专著

[1] [法] 费赖之著,冯承钧译.在华耶稣会士列传及书目[M].北京：中华书局,1995.

[2] [德] 郎宓榭、[德] 阿梅龙、[德] 顾有信编著,赵兴胜等译.新词语新概念：西学译介与晚清汉语词汇之变迁[M].济南：山东画报出版社,2012.

[3] [意] 利玛窦、[比] 金尼阁著,何高济、王遵仲、李申译.利玛窦中国札记[M].桂林：广西师范大学出版社,2001.

[4] 刘禾著、宋伟杰等译.跨语际实践——文学,民族文化与被译介的现代性(中国,1900—1937)[M].北京：生活・读书・新知三联书店,2002.

[5] [意] 马西尼著、黄河清译.现代汉语词汇的形成：十九世纪汉语外来词研究[M].上海：汉语大词典出版社,1997.

[6] [英] 梅尔茨.十九世纪欧洲思想史[M].北京：商务印书馆,2016.

[7] 内田慶市.『文化交涉学と言語接触：中国言語学における周縁からのアプローチ』[M].大阪：関西大学出版部,2010.

[8] 沈国威.近代中日词汇交流研究：汉字新词的创制、容受与共享[M].北京：中华书局,2010.

[9] 沈国威.新语往还：中日近代语言交涉史[M].北京：社会科学文献出版社,2020.

[10] 司佳.近代中英语言接触与文化交涉[M].上海：上海三联书店,2016.

[11] 孙青.晚清之"西政"东渐及本土回应[M].上海：上海书店出版社,2009.

[12] 王力达.汉语研究小史[M].北京：商务印书馆,1963.

① 参见沈国威：《新语往还：中日近代语言交涉史》,北京：社会科学文献出版社,2020年。

[13] 吴义雄.在世俗与宗教之间——基督教新教传教士在华南沿海的传教活动[M].广州：广东教育出版社，2000.

[14] [日] 西嶋定生.中国古代国家と東アジア世界[M].東京：東京大学出版会，1983.

[15] 周振鹤、游汝杰.方言与中国文化[M].上海：上海人民出版社，1986.

[16] 邹振环.晚清西方地理学在中国：以 1815 至 1911 年西方地理学译著的传播与影响为中心[M].上海：上海古籍出版社，2000.

二、论文

[1] 陈辉.论早期东亚与欧洲的语言接触[D].浙江大学，2006.

[2] 刘善涛，王晓.汉外语文辞书编纂四百年(1575—1950)[J].国际汉学，2018(01)：102—108＋205.

[3] 罗常培.耶苏会士在音韵学上的贡献[J].史语所集刊一本三分，1930.

[4] 潘德宝.日本的汉语教学研究——内田庆市教授访谈录[J].书屋，2013(10)：27—30.

[5] 庞双子，王克非.翻译和语言接触研究的理论进展[J].上海交通大学学报(哲学社会科学版)，2020，28(06)：86—95.

[6] 戚印平.沙勿略与耶稣会在华传教史[J].世界宗教研究，2001(01)：66—74＋149.

[7] 沈国威.西方新概念的容受与造新字为译词——以日本兰学家与来华传教士为例[J]. Journal of Zhejiang University (Humanities and Social Sciences)，2009(07)：80-93.

[8] 沈国威.理念与实践：近代汉外辞典的诞生[J].学术月刊，2011，43(04)：121—130.

[9] 姚小平.早期的汉外字典——梵蒂冈馆藏西士语文手稿十四种略述[J].当代语言学，2007(02)：97—116＋189.

[10] 元青.晚清汉英、英汉双语词典编纂出版的兴起与发展[J].近代史研究，2013(01)：94—106.

散文随笔

热爱生活　勇于锻炼

我叫司佳,是《中国初中生报》上海学生记者站的站长。

什么?你问我为什么要当学生记者,那是因为我平时就爱观察人和事,爱思考和幻想,最重要的是我热爱生活,并勇于锻炼自己。我当小记者的时候,刚刚11岁,还是一只羽翼尚未丰满的丑小鸭。刚开始采访时,我由于缺乏经验,出过"洋相",吃过"闭门羹",但我并没有灰心丧气,因为我坚信,每次采访的失败,都使我吸取了教训,增长了见识,为以后的成功奠下了基石。

令我感受最深的是我采访获国际奥林匹克物理竞赛金牌的两位同学的指导老师张大同。那是在去年夏天,我忍着连日近40℃的高温,从上海的东南端换三次车,越过吴淞江,来到坐落在吴淞江畔的华师大二附中。一次来回需要四个小时,就这样一连跑了三次,终于采访成功,我也由于疲劳过度病倒了,但为了及时报道,我不顾家人反对,在病床上写出了《红烛》一稿,赶在教师节前夕,在《中国初中生报》二版上发表了。后来听说读者反应不错,我感到很欣慰。一位哲人说过:"过程比结果更重要。"成绩固然令人欣喜,但我也从中磨炼了自己的毅力和意志,使我变得更坚强,这对于我以后的生活都受益匪浅。

当选记者站站长,这对于我又是一个锻炼。我既要协助辅导老师带领同学们开展采访活动,还要主持记者站例会,互相交流经验和思想。虽然工作很繁忙,但我觉得很充实,同时,我也不放松学习,最近几次考试我都名列全年级第一。另外,我还在外语学院学完了《新概念英语》的第一、第二册。

总之,我感觉当学生记者是对自身的一种锻炼,一种考验。要成为祖国的栋梁之材,除了要学好书本知识外,还要去读"社会"这本更丰富的"书",这就要你去大胆实践,勇敢锻炼。中学生朋友们,你们说呢?

(原载中国少年儿童报刊工作者协会编:《当代中国少年儿童报刊百卷文库·19中国少年文摘卷》,1997年,第41—42页)

写在开学之前(1)：姓名大战

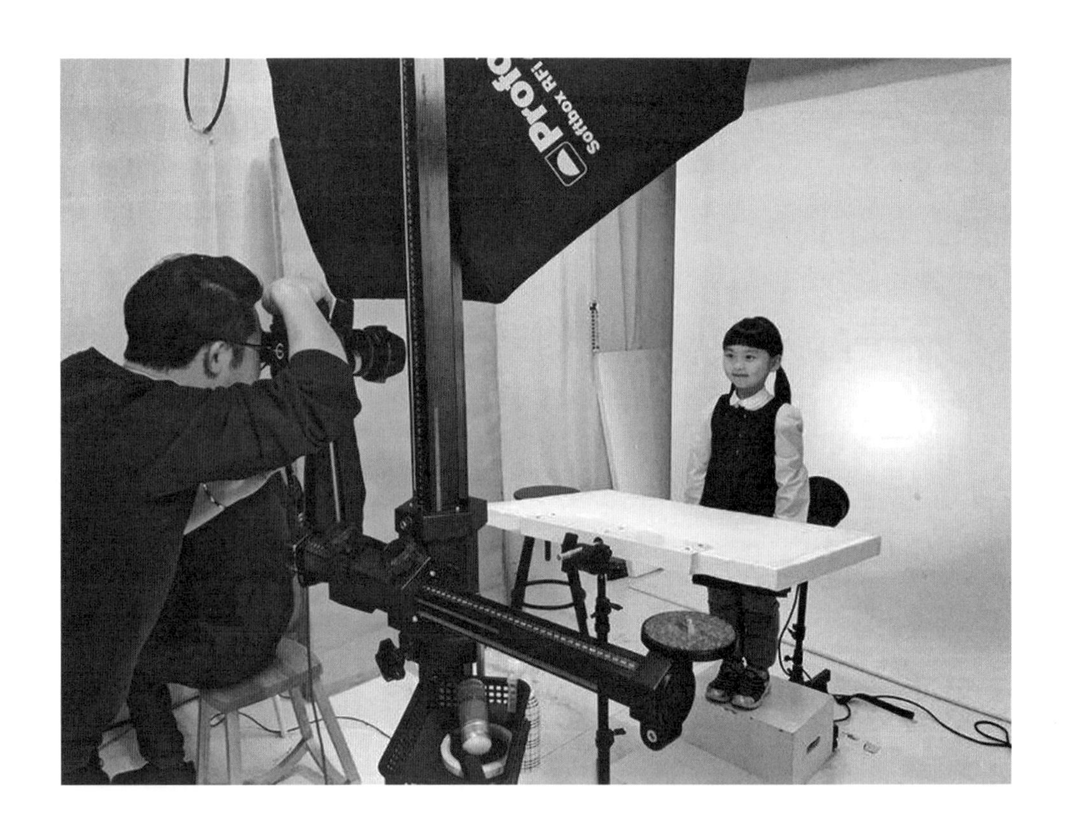

看官莫要笑话，这些纯属博取小女一笑的文字，丝毫没有倚老卖老之意。虽然我俩在2019年幼升小的家长中(独生子女组)应当是算“老”的。空下来就写写，算是调剂一下最近比较忙乱的论文与翻译工作所导致的紧张情绪，希望在夏天之前——慕慕开学之前，送给她，当礼物。那将会是好多好多字，也许她根本没有耐心，读不了几个字，随手一扔；也许她日后逐渐好奇，拿出来再查查字典。就算对她是没用的“天书”也无所谓，至少尽了“字符”的象征性义务。

女儿从幼儿园大班，就会注意到电视上各种“小学生”的事情。于是要求睡前故事里还要加入“请讲讲你小学的时候”一栏。我俩争相表功;不久,爸爸是年的邻居同学“马 qi”“何英”以及赤屁股朋友“林立”即“混入”成了慕慕班上的“同学”(天呐,他们这一届属龙和小龙,这样一个班上都快 40 个人啦!)。我一看苗头不对,赶紧也搬出我的谈资——比方讲我的同学中居然有人跟你爸爸是同名同姓的,就是三岁时送你迪士尼玩具那位教授叔叔(也是教授,哈)……“可是,你们不要再讲别人啦！今天开始,请讲讲你小学的时候!”

好吧今天,我就从“姓名大战”讲起。

我 1984 年 9 月 1 日一早,在外公的带领下,步行五分钟,过一条有红绿灯的略大一点的马路——云南南路,走进了淮海东路小学。过马路的时候,外公格外谨慎地提醒我,“小思嘉,明天你过这条马路的时候,一定要跟着别人一起。别人走你也走,别人停你也停,再看看前面一定是要绿灯,不要跑。外公只送你开学第一天。”于是,第二天,第三天……我逐渐熟习了这种在人生的斑马线上“走走停停”的战术。

我们小时候都不会提前学什么班,所以上学之前,我大概只会写五六个字。有一个字是“口”,一个字是“田”,一个字是“国”,大概还有一个是“王”。剩下两个字应当就是我的名字。我的名字其实不难写,当时流传这么一说：凡是上了学的小朋友,都希望自己叫“丁一”——因为写字对所有学龄儿童在一开始的时候都是痛苦的,以至于感觉自己的大名倒不如越简单越好。可我不想叫什么“丁一”,我想叫回我原来的名字“丽莎”。

司丽莎！不过现在，经过这么多年，尤其上了这么多年的学，那个以前的“我”——“丽莎”，早就败下阵去了。现在在电脑前打这三个字，他们只是孤零零的三个字，完全没有任何实名归属与身份认同的表征。

我怎么跟女儿解释这个呢？小学老师点名，点到“司佳”，可我一开始常常反应慢半拍，以至于我入学前几天，除了这个很少见的姓给老师留下些许印象，其他根本不起眼。幼儿园老师叫我什么呢？应当是以前那个名字“丽莎”吧，不好意思，可我根本记不起来了……那个名字因为没有后期记忆的反复加强，像是完全“落败”了一般，根本找不到一个对应的人物形象。

因此现在，面对上学前的女儿，无聊的时候，我会发呆，想象那个上学前的“丽莎”是什么样子。由于我小学以前照片不多，根本没有录像视频，所以还是留有不少想象的美好空间。“丽莎”这个名字是我那一张小纸片样子的出生证上的，母亲保存红本独生子女证上面也是那个名字。那是我父亲给我的名字。我理应叫那个名字，可是今天——事实上是一直以来，我反倒庆幸自己叫现在这个名字了。不要误解，改名字完全是因为我小时候的经历也算是受到某些特殊历史原因的延续性影响。我两岁不到的时候，据说在上海的外公某日不知为何给在安徽工作的母亲去信，执意要把我抱到上海来养。他年轻时跑过旧香港扎根上海滩，自诩见过世面的，“上海条件好！”……于是一会儿接过来，一会儿接回去，眼看快上小学了，他们说必须在上海上小学，“上海条件好！”

至于为什么我一开始叫“司丽莎”，这里也简单提两句——毕竟是曾用名，不过我嫌麻烦，从来没有在表格此栏中填过这三个字。我虽然在上海上学，可上学后，寒暑假还是照样回安徽过。其实安徽的条件也没有外公说的那样不堪，至少是个城市。外公并没有去过，外婆、二姨去过……不过听她们讲起来，好像是有点 rough 的(不知道怎么形容，此处词穷了)。

识字多了一些以后，我发现父亲有很多书，有些是有上、中、下“三部曲”的那种，《神曲》《红与黑》《飘》……然而我至今都无从判断当年的父亲是真文青呢，还是伪文青。从翻书的迹象上，十多岁时的我即发现，他其实并没有真正读过太多，甚至连“本家”司汤达先生的作品也没能顾上(有一些还是我十五六岁那两年回去的时候“替”他读的)。可是他有着一手工整的得奖硬笔书法，以及同样出口工整的七言新诗，以及呼啸而来落笔满满两三页“颂歌式”长诗的本领。于是，在他那些心仪的苏联名字中，为我挑了“丽莎”二字。

我至今能记起十岁放暑假回安徽那年，父亲用山东话叫我“司丽——莎”！还是那么地自豪！多好呀，年轻与激情的象征！听起来大概是俄语吧？反正那时候我在上海大舅舅的指导下将将开始学外语，他还真从国际音标教我和表弟，可是我们两个小孩子学了几个月也摸不着头脑。俺更是分不清眼下父亲用他那激昂的山东话吼出来的“司丽莎”究竟是什么语言。

无论是什么语言，“司丽莎”绝对不是英语。多年后我申请到美国读书，一位对中文颇有研究的美国同学问我，你父亲是不是看过《飘》(*Gone With the Wind*)，你的名字(思嘉)不是主人公郝思嘉么？虽然听起来不错，可我只能老实说“没有”，并告诉他，只是我的姓比较特别而已，可以起的连音悦耳的名字似乎比较少——跟我同名同姓的上海人其实就有好几个呢！(p.s.关于此处的另一回“姓名大战”以后展开)我2007年从美国回上海工作的时候，老同学们一度以为我曾经在香港《大公报》工作。当时那个给《大公报》写专栏的sijia，现在知网上居然也能搜到——恕我直言，文笔和立意实在不怎么样，记得其中还有一篇扎眼的“大佬的女人”——不是我写的，另一个“司佳”写的。可是她在前后多篇豆腐格子散文中透露自己曾住在费城，上海人，所以不止一个老同学以为那是我写的！

我没有再跟他讲“司丽莎”以及别的什么了，更不会说这是我舅舅在我三岁时被接到上海来以后给我的名字——太复杂了！不仅美国人听不懂，慕慕可能也不能懂。我也没有问过这位上海交大的高才生大舅舅到底有没有跟我父亲一样版本的《飘》(傅东华先生的译本)。深藏不露的他总是开玩笑似的跟我说，侬到上海来，上海话里面根本读不出“司丽莎”三个字，“水—里—梭”呀，小姑娘不要去当游泳名将吧，身材太壮不好的。司佳，小思嘉，上海话叫起来老好听额呀……(好吧，其实大学里也有人笑我总想当别人的“师姐”)

这就是我舅舅给我起的名字。懂事

以后，没有喜欢与不喜欢，我在日日做题的卷面或簿面上不停地写这两个字的时候，我已经完全就是这两个字了。司丽莎只是一个未曾上学的小女孩，也许她天真，也许她烂漫，就像电影里的小女孩一样——我亲眼见过那个小女孩，头发卷卷的，眼睛大大的，她微笑着……在费城南街附近沿街的一栋房子里，我十多年前到美国读书的时候曾经见过。雨天，她趴在窗口，呆呆地望着窗外，手指不断地在窗户上面比画着。也许是在画画，也许是在写她的名字。

而我，在 1984 年开始上小学后不久，独自穿过红绿灯斑马线的那一刻，与她正式告别了……

“写在开学之前(2)”预告：小学开始后不久，我自己发明了“拼音自测法”，班主任语文老师偶然得知了，跟全班同学说，这个小朋友以后肯定是能够考上大学的！玉桂老师，我的第一位语文老师，看着我，又加了一句，等你考上大学了，记得写一封信给我……我后来没有找到她。

医生的手(1)

初夏的上海肿瘤医院,一早六点多就排起挂号长队。大厅不够大,从旁门来了一条通道伸至露天院内。还好,我到的那几天,天不算太热,虽梅雨季也没有下雨。可是,几乎没有人主观上会想来这家全国人民的肿瘤医院吧,除非是医生。因此,几次来这里,我真的把自己想象成医生,充满悲悯之情,才能扛得过眼前所看到的一切。这里的医生,仅是我“广义”上的同事——肿瘤医院附属于复旦大学,而我,是一名无比热爱自己工作岗位的大学教授。然而,这次突发得病一个多月的前前后后,我根本觉得跟这些穿白大褂的同事比起来,自己虽也尽心尽责科研教学,但在医生之手面前,我这写书、翻译论文的手,着实显得秀气了一些。

第一次到肿瘤医院已是 6 月底的事情。为何来这里,得回到 6 月 3 日清晨的一次突发昏迷。接着,新华,中山,长海。住院像闪电,一道道的关,手术台,穿刺,从全麻中苏醒如穿越般的感觉……出院一月余,我庆幸自己还能够在这里写写,因为医院可能还需要一些时间才能确诊我的病理。如果我的基因检测某项指标不是阳性,那便意味着现在必须接受治疗了。

6 月 3 日,清晨四点吧大概,我突然醒来,觉得肩背痛,胃不适。很奇怪,四点,我居然想着等下要不要喝粥,往电饭锅里烧了一点粥。接着,再躺下,可怕的事情便发生了,我开始起来不断呕吐,胆汁都吐出来,十多分钟,人觉得异样,对房内熟睡的先生大喊不行,便没了知觉……可能若干分钟后醒来的吧,天已蒙蒙亮,我是直直面部扑地的,所以醒来后鼻梁痛,接着还吐,赶紧让先生叫救护车。因为女儿只有六岁,不能一人在家,我自己挣扎上了救护车。

五点左右的新华医院,人还不多,好心人帮我挂了号,不久 CT 显示,胆囊炎,心包积液,升主动脉增宽,肠系膜渗出……血的各项指标也不好。急诊医生吓了一跳,让我先挂水,打了止吐针。叮嘱我赶紧要约心血管疾病的科室,要排除动脉血管瘤,主动脉夹层等问题。

上午十点挂完水,不吐了,人稍有气力。我挂了号,可是心超、增强CT等检查都需要等待一周左右。我还是约了检查,便先回家。想起心包积液这事不安心,叫了朋友,下午就近到杨中心。杨中心碰到了那位之前4月由于自己年后一直劳累,心脏早搏就医问诊的张医生。张医生年纪大,挺负责的,一听说心包积液,便亲自到超声室看情况。当时显示的是心包腔7毫米×8毫米×9毫米积液,她脸色一沉,虽说不是大量积液,还是嘱我尽快到三甲医院看心内科。

下午四点回到家休息,还是觉得肩背痛。把上午的CT和心超微信发给医生朋友看,想不到五点时分接到两个电话,都让我立即去中山或就近长海做增强CT,排除动脉夹层,有心梗等风险。我中午从新华回来的时候,以为胆囊炎是主要问题,还跟帮忙做饭的阿姨在说以后恐怕不能吃肉了云云。想不到傍晚便升级到心脏的问题。匆匆吃了晚饭,先生陪我打了车,决定去中山医院,毕竟是上海看心血管疾病数一数二的医院。

夜色,灯火把中山医院的门楼衬得很美。说实话,四十岁以前真的没怎么上过医院,中山、华山,上海叫得响的医院,我都不知道确切位置在哪里。

这么漂亮,先生也说道,然后按医生朋友电话的叮嘱,扶着我走,避免太大的行动。幸好那天急诊人也不多,也先验了血,炎症CRP很高,28!先挂了水,排了增强CT的号。晚上十点,由一名年轻医生陪同做了主动脉增强CT。右手臂打显影剂同时CT扫描,两个小时后报告出来,主动脉没有血管瘤、夹层等。可是,心包大量积液。

半夜一点半挂完水回到家。急诊医生叮嘱明天来看专病门诊。

6月4日,一觉睡到十点,人还比较正常。下午又到中山医院,心内科人太多了,先挂了消化科。

消化科的孙医生看得出很有经验,说胆囊炎还需要挂水,开了单子,但更需要去看心内科。然后把全套验血都开了,包括风湿、免疫等指标,以及各项肿瘤标记物,都是跟心包积液有关的。他说今天如果你来不及看心内科,但相关验血指标先测吧。然后我抽了五六根管子的血,又去挂了水,七点到家晚饭。

这一夜,我感觉肩背疼得更厉害了,有点难忍,半夜吃了止疼片才安睡。早上起来早,跟去幼儿园的女儿说再见后,觉得哪里哪里不对,叫了邻居朋友,又到杨中心心脏彩超处,想说检查一下积液会不会增多,因为肩背更痛了。

果然,心包积液变成了7毫米×8毫米×13毫米,并且,我的心跳竟然已超过110!(下图那天下午长海心电图测的是116)医生说心音也变弱了。回到家吃了午饭,微信给一位朋友，告知情况并求助。过了一会儿，她回复跟我说，她的朋友，长海心内科的黄医生，看了我的报告，让我赶紧去医院，长海也行。

幸好我及时去了，我离心包压塞大概只有一天的时间，第二天6月6日下午两点上手术台前，心跳已经接近130却极其微弱，我的四肢开始发麻了……

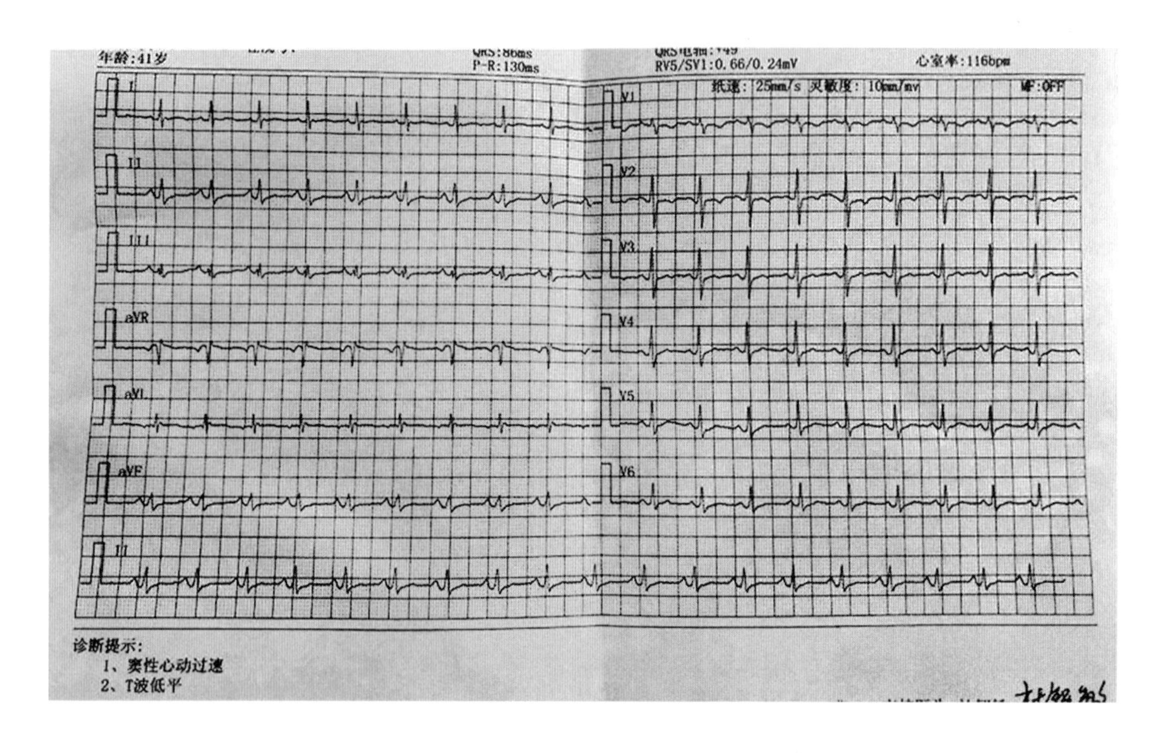

医生的手(2):长海

不管暂且被断为“疑难杂症”的情况接下去怎样,我必须感谢长海的医生,将我及时拉回人世。当然生命面前,人人平等,并不是说拉回我,我便因能够上台讲课,带研究生,对社会更有用似的。不过出院后,在家几日闲得无事,望着对窗的复旦大学,真心的愿望即是能够再次走上讲台。

6 月 6 日下午两点半,心包积液抽出时,黄医生对观察台上的秦主任大喊一声,积液是血性的,我听了之后却没有太大反应。我当然知道血性意味着什么。可是我的关注点不在那里。当时,我获得了一种无可比拟的轻松感以及愉悦感,心跳瞬间从 130 降回到 105 左右,以至于当时在我眼中,手术室的十多名医生包括他们带教的学生,都瞬间具备了无可比拟的英雄气质。

因为手术是打麻醉针局部麻醉的,我可以听到或看到手术室内的一些情况,比方黄医生带学生的严厉样子(他让学生先找剑突的位置,那两个大概进修不久的学生没能精准找到,被他训了好几句),转而他找给他们看后,在我左肋骨下缘准备开刀口时,很专业地跟我说会有点痛的,痛要叫出来,不能乱动,然后看了看我。是呀,上了麻药也是很痛的,穿针离心脏那么近,且不评论医术,眼前的穿蓝色手术服的这名医生,至少让我觉得是能够充分信任的。于是我没有喊出来也没有动。黄医生一边指挥助手取积液样本,一边问我难道不痛么。我微笑了,医生自己难道也有同样被手术的经历么?他如何感同身受?可是好的医生一定能够感同身受吧。

现在好受些了吧,医生问我。是呀,当然,有了比较,我真的觉得好受多了。可是奇怪,除了今天中午开始心跳不断加快,此前我虽也有背痛等,却没有觉得太过难受。有朋友事后得知,说我可能耐痛性比较好。昨天入院时分,我在去开住院单的路上,由于紧张心跳过快,并且需打电话通知家人,半途上发生了呼吸碱中毒。我有点喘不过气,脚开始发麻,幸好没有离开诊室太远,我向第一间诊室的一名女医生求助。她一边看她手头的病人,一边大声对我喊话,教我怎样呼吸。她大声说心包积液除非抽出心率才会下降,所以只有自己平静,慢慢调整呼吸。并安慰说年轻女性不少人由于紧张也会这样。在她诊室里坐了十多分钟,总算缓解,并请护士找人找了辆轮椅车将我送去病房。我不知道她叫什么名字,但我内心记着她。

积液需分三天引流,否则周边脏器摩擦会经受不住。第三天,积液变得清亮,逐渐不出了。黄医生看了觉得挺好,还表扬了我。这几天,除了端午放假主要由值班医生记录情况,下手术台哪怕十点,黄医生和秦主任还都会到这几间病房,看一下还需要手术观察的病人。后来我做 PET-CT,晚上有了结果,他们也是在回家以前先到病房跟我讲情况,因为他们知道病人在等。

总积液量算下来大概 800 毫升。也是奇怪,此前 5 月底,我可能带了 500 毫升的积液,到日本去出差了一圈,还给女学院的学生讲了一下午的课。当然,那几天非常疲乏,积液拉低了我的血压,拉低了我的血红蛋白,以及血氧饱和度。

6 月 7 日,端午放假,病房观察积液情况。由于节日放假,病房安静许多。昨天,就是我下午准备手术那天,中间床的来自启东的阿婆,由于心脏支架手术过于成功(真的据她说非常成功),早上四点便起床整理东西,等儿女八点来接她。现在三人病房只剩最里一张床 94 岁的白发奶奶和最外一张床上的我。下午补了觉后,病房闲聊,得知白发奶奶的一些传奇经历,颇有意思,她儿子是某领域首席科学家,她女儿是北京知名媒体人,打趣她说“也是一位少奶奶”(60 岁时乳腺癌切除手术)。我母亲前几年也做过同样手术,今年马上到五年期了,平时总是喊这喊那,在场听她女儿讲了之后,似乎勇气也多了一些。

6 月 8 日,是我的生日。我以前对自己的生日常常不太在乎,觉得那又是老了一岁。可是那天,我真心希望自己能够安然无恙地等到下一个生日,并对明年的生日在一个比较正常的地方度过抱有相当大的期许。十一点左右,天下着雨,我指导的一名学生来看我,给我带了花并祝我生日快乐。我泪目了,问她你怎知我生日?她说有次我出差,托她向外办送份申请材料,上面填了我的出生年月日。我不是刻意叫学生来的,前后住院十多天,我也没怎么告诉同事好友,怕他们担心,只几名之前知道我病情的师友晓得。我的心脏因为心包腔还埋着管子,心跳总是有 100 多,动一下会偶尔上到 120,所以还是需要休息。我请这名学生来,同时到我家把出版社刚刚寄来的译作校对稿拿来。这也不是刻意要在病床上工作。因为我知道等待各种化验,检查结果还需要好多天,我需要一些事情来排解胡思乱想。看自己此前辛辛苦苦的译稿,只是看看校样而不需要花费脑力创作,又能添涨自信心,无疑是病房中的一件好差事。

女儿懂事，知道医院最好不来，视频祝我生日快乐。我先生那段日子完全一人带她，也很不容易。

6月9日，积液变得清亮，停止了。当然这是医生希望看到的结果，所以这样麻烦的病人竟然可以得到表扬。我向他询问积液化验结果，以及之后很多项检查的结果，而这位黄医生，简直具备了演说家的技巧。不是说他说个不停，而是指：一，他总是及时回复，不让病人过于担心；二，他总有一套办法把凶险的事情讲得不算什么，让你觉得此刻你只需要去做就可以了，这让我对部队医院的医生刮目相看；三，他从来不会提自己的付出，比方后来我观察到为了及时展开必要的检查，PET-CT，气管镜全麻穿刺，病理诊断，借调病理到外院，他都需要花特别多的时间和精力去申请去做。有时只能占用他两台手术之间仅有的休息时间，他需要去微信协调。出院后复查时，我跟他开玩笑，黄医生，你这次抽心包积液抽到了一个人奖。

6月10—16日，之后的一周，我做了一系列检查，大概就是用排除法的意思。最后一个检查是气管镜穿刺病理，为此我痰中带血咳了两天。因为是全麻，我连穿刺的呼吸科主任也没有打过照面，后来听护士说是好不容易穿到的，所以总觉得是位秘密的英雄。

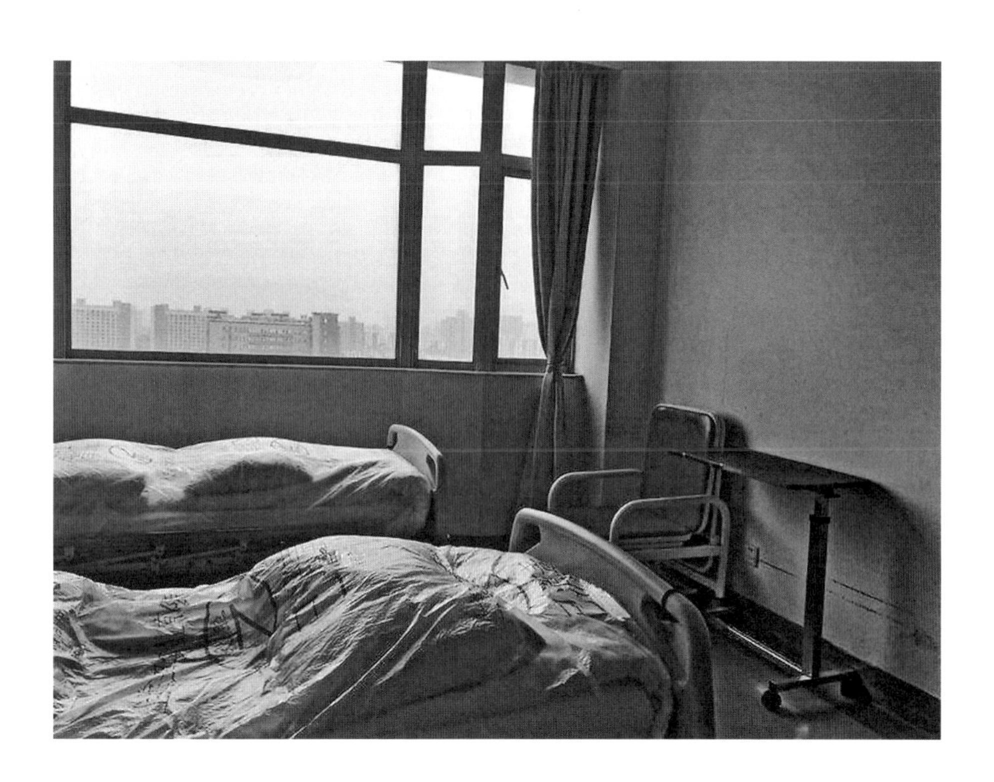

虽然今年年后的四个月,我经历了异常忙碌的教课、论文、译书截稿、留学生招生等繁杂事务,也熬过加起来十来个晚上的夜(不超过半夜两点,可是那日的睡眠质量绝对是差的),也抱怨过那几个月里只休息过两个下午;可是出院后,真是觉得正常的节奏真是再好也不过的事情了。

昨天看到一篇文章,大概是一名美籍华人口述的,起始段说对她援以施救的,不是上帝之手,而是中国医生之手……我看了也很感动,转发后,也写了一句,如果医生的这双手,还会被出院后的病人所念及,那一定也是上帝之手。给我进行全麻穿刺的呼吸科主任的那双手我根本没有见到。可我后来在病房里谈话间注意了一下黄医生的手,那是一双无比粗糙的手,一定被消毒液反复泡了又浸,却可以时刻拿起漂亮的柳叶刀,将病人拉回人世间。

《中国纪行》译者致谢

除了向汤因比先生这部重要著作自身的伟大致敬以外，本书的译注工作还要感谢以下人员：

张巍、刘保云、孙晴依、周之桓、王立诚、邓志峰、瞿骏、朱虹、徐亦猛、黄敬斌、李珊、俞挺、李波、董伯韬、谢岳、沈园园，以及一直以来关心我的导师周振鹤先生、梅维恒先生。上海人民出版社的肖峰编辑，帮助核对本书的部分译者注，以及最后的章节格式统稿，在此表示由衷的感谢！

最后，我要致谢上海长海医院秦永文教授团队，特别是黄新苗医生。无论如何，这是一段虽然艰险却有着特别意义的时光。

司佳

2019年6月12日

诗

生如夏花
这是一场生命的诗
穿梭于时空中的奔跑
追逐远方
曾经
笑意甜美
哭声彻亮
镜中人真实的写照

如果到了秋天
花草树木依旧繁茂
那我悄悄告诉你
它们皆来自夏天
只是镜中的色泽微变
因为我
生于每一个夏天

——2020 作于立夏(5.5)

司佳学术成果

一、著 作 译 作

1. 司佳(Jane SI), *Circulation of English in China: Speakers, Historical Texts, and a New Linguistic Landscape*.(《英语在中国的传播：使用者、历史文本及语言景观》)VDM Publishing Group, 2009。

2. 司佳：《近代中英语言接触与文化交涉》，上海三联书店，2016年。

3. [英] 阿诺德·汤因比著，司佳译：《中国纪行：从旧世界到新世界》，上海人民出版社，2019年。

4. 司佳、徐亦猛编：《近代东亚国际视阈下的基督教教育与文化认同》，复旦大学出版社，2019年。

二、论 文

1. 司佳：《早期英汉字典所见之语言接触现象》，《复旦学报》2000年第3期，第60—67页。

2. 司佳：《从岁时到天时：明清移民以后土著苗民之日常生活安排》，《中国历史地理论丛》2000年第4期，第35—48页。

3. 司佳：《西方人士对汉语拼音方案的催生作用》，香港《语文建设通讯》2000年10月(第64期)，第11—19页。

4. 司佳：《19世纪中英语言接触研究》，复旦大学硕士学位论文，2001年。

5. 司佳：《从通事到翻译官：论近代中外语言接触史上的主被动角色的转换》，《复旦学报》2002年第2期，第44—50页。

6. 司佳：《马西尼〈现代汉语词汇的形成：十九世纪汉语外来词研究〉》(书评)，刘东主编：《中国学术(总第10辑)》，商务印书馆，2002年，第340—343页。

7. 司佳：《拉克纳、阿美隆、库尔茨编〈新观念、新术语：帝制中国晚期的西方知识与词汇变迁〉》(书评)，刘东主编：《中国学术(总第14辑)》，商务印书馆，2003年，第271—273页。

8. 司佳:《商人、仆人、通事和十八世纪中国沿海洋泾浜英语的形成》,日本近代东西言语文化接触研究会《或问》第 6 号,2003 年,第 85—93 页。

9. SI, Jia Jane, "The Genealogy of Dictionaries: Producers, Literary Audience, and the Circulation of English Texts in the Treaty Port of Shanghai", Sino-Platonic Papers, 151 (June), 2005.

10. Si, Jia Jane, "The Circulation of English in China, 1840-1940: Historical Texts, Personal Activities, and a New Linguistic Landscape" (2006). Dissertations available from ProQuest. AAI3225545.

11. 司佳:《邝氏英学丛书与十九世纪末上海实用英学形成》,载复旦大学历史系等编:《中国现代学科的形成》,上海古籍出版社,2007 年,第 80—90 页。

12. 司佳(Jia SI), "Life around English: The Foreign Loan Word Repertoire and Urban Linguistic Landscape in the Treaty Port of Shanghai", Fudan Journal (The Humanities and Social Sciences), 2008(1). pp.126-143。

13. 司佳:《〈五车韵府〉的重版与十九世纪中后期上海的英语出版业》,《史林》2009 年第 2 期,第 6—13 页。

14. 司佳(Jia SI), "Breaking through the 'Jargon' barrier: Early 19th Century Missionaries' Response on Communication Conflicts in China." Frontiers of History in China(英文原发稿), 2009(4.3). pp.340-357。

15. 司佳(Jia SI), "Collecting and Collection: Local Chinese Culture in Robert Morrison's Dictionary," Fudan Journal (The Humanities and Social Sciences), 2009(4). pp.104-122。

16. 司佳:《见闻、谈资与讽刺诗 ——中国洋泾浜英语在十八至二十世纪初西方出版物中的流传》,《九州学林(2010 · 春夏季)》,第 172—189 页。

17. 司佳:《麦都思〈三字经〉与新教早期在华及南洋地区的活动》,《学术研究》2010 年第 12 期,第 112—119 页。

18. 司佳:《耶鲁大学传教士档案所见清代圣谕广训方言手抄稿若干种》,日本近代东西言语文化接触研究会《或问》第 21 号,2011 年,第 117—128 页。

19. 司佳:《基督教女性三字经体布道文本初探:以〈训女三字经〉为例》,日本关西大学《东亚文化交涉研究》第 4 号,2011 年,第 243—252 页。

20. 司佳(Jia SI),“Reprinting Robert Morrison's Dictionary: Producers, Literary Audience, and the English Language Market in Nineteenth-Century Shanghai”, Frontiers of History in China《中国历史学科前沿》(英文原发稿), 2011(6.2). pp.229-242。

21. 谭满枝、司佳:《“新文化史与上海研究”国际学术研讨会简报》,载邢建榕编:《上海档案史料研究(第12辑)》,上海三联书店,2012年,第323—326页。

22. 司佳:《传教士缘何研习〈圣谕广训〉: 美国卫三畏家族档案手稿所见一斑》,《史林》2013年第3期,第90—97页。

23. 司佳:《邝其照与1868年〈字典集成〉初版: 兼谈第一本中国人编写的英汉字典及其历史实用价值》,《广东社会科学》2013年第1期,第149—158页。

24. 司佳(Jia SI),“Treaty-Port English in Nineteenth-Century Shanghai: Speakers, Voices, and Images”, Cross-Currents: East Asian History and Culture Review(美国《东亚历史与文化评论》,执行严格匿名评审), 2013(6). pp.38-66。

25. 司佳:《文本,书院与教育: 伦敦会在早期在马六甲的对华传教准备工作》,《澳门理工大学学报(人文社会科学版)》2015年第4期,第81—90页。2015年第12期《人大复印报刊资料·明清史》全文转载,第78—86页。

26. 司佳:《近代基督教〈三字经〉与中西语言文化接触》,日本近代东西言语文化接触研究会《或问》第38号,2015年。

27. 司佳:《早期来华新教传教士的中文作品与翻译策略: 以米怜为中心的讨论》,香港《翻译史研究》2015年12月。

28. 司佳:《晁德莅与清代圣谕广训的拉丁文译本》,《复旦学报》2016年第2期。

29. SI, Jia Jane, and Dong, Shaoxin, “Humanistic Approach of the Early Protestant Medical Missionaries in Nineteenth-Century China”, Journal of Religion and Science. 2016(51. 1). pp.100-112.(国际学术期刊《宗教与科学》,执行严格匿名评审)

30. 司佳:《从〈日记言行〉手稿看梁发的宗教观念》,《近代史研究》2017年第6期,第122—130页。

31. 司佳:《伦敦会藏梁发〈日记言行〉手稿解读》,《世界宗教研究》2019年第3期,第130—135页。

32. 李天纲、司佳、徐亦猛:《前言》,载司佳、徐亦猛编:《近代东亚国际视阈下的基督教教育与文化认同》,复旦大学出版社,2019年。

33. 司佳、吴中伟编:《中国概况》第三章“历史”,复旦大学出版社,2021年。

三、演讲与主持演讲

(一) 演讲

2005年3月　美国亚洲学年会 AAS Annual Meeting, Chicago, USA, Graduate Student Individual Paper Presentation(学会评审研究生优秀论文独立发表)

2007年3月　美国国会图书馆 “A Bridge between Cultures: Commemorating the 200th Anniversary of Robert Morrison’s Arrival in China”, Library of Congress and University of Maryland, USA.

2007年12月　中山大学“清代口岸城市文化交流”国际学术研讨会

2008年3月　澳门历史学会“马礼逊与中西文化交流”国际学术研讨会

2008年7月　英国爱丁堡大学新教海外传教史国际学术研究会年会

2008年11月　复旦大学“历史上的中国出版与东亚文化交流”国际学术研讨会

2009年10月　香港城市大学“出版文化的新世界:香港与上海”国际学术研讨会

2010年6月　四川大学“中西比较视野下的社会转型”国际学术研讨会

2010年10月　日本关西大学“印刷出版与知识环流”国际学术研讨会

2011年6月　美国宾夕法尼亚州立大学“十六世纪以来的世界宗教与文化”暑期研讨班三次专题授课

2011年7月　美国耶鲁大学新教海外传教史国际学术研究会年会

2011年10月　代表复旦大学外事访问团赴英国爱丁堡大学、诺丁汉大学纪念“辛亥革命一百周年”专题演讲两场

2011年11月　北京外国语大学“印刷出版与中外文化交流”国际学术研讨会

2011年12月　复旦大学“新文化史与上海研究”国际学术研讨会

2012年6月　复旦大学“中华书局与中国近现代文化”国际学术研讨会

2014年4月　复旦大学中华国际文明中心工作坊“基督宗教与上海社会,1840—1949”

2014年6月　The Eighteenth Asian Studies Conference Japan, Sophia University, Tokyo

2014年10月11—12日　山东大学“全球化视野下的中国近代高等教育”国际学术研讨会

2014 年 10 月 17—18 日　华东政法大学外语学院承办“第二届中国翻译史高层论坛”

2015 年 3 月 18—23 日　日本东京国际基督教大学“The Presence and Future of Humanity in the Cosmos”亚洲学者特邀专题对话研讨会

2015 年 6 月 20—21 日　复旦大学中华文明国际研究中心“海客谈瀛洲：近代以来中国人的世界想像，1839—1978”学术工作坊

2015 年 6 月 24—26 日　长荣大学“第六届海峡‘两岸四地’翻译与跨文化交流研讨会”

2015 年 12 月 17—19 日　香港中文大学翻译研究中心主办“第一届中国翻译史国际研讨会”

2016 年 5 月 6—8 日　日本关西大学东亚文化交涉学会第 8 回国际学术大会

2016 年 6 月 3—6 日　香港城市大学“新视野—东亚世界知识生产与研究方法”学术工作坊

2016 年 10 月 24 日　复旦大学“海外文献的收藏与中国近现代史研究”国际学术研讨会会议“从《日记言行》手稿看梁发宗教文本中的思想生发”

2018 年 6 月 26 日　北京外国语大学历史学院讲座“英国伦敦大学藏十九世纪中国旧海关档案文书研究初探”

2018 年 10 月 20 日　复旦大学“国际视野下的民国史研究：第二届中华民国史青年论坛”讲座“中国问题的反思：汤因比 1929 年《中国纪行》”

2019 年 5 月　日本福冈女学院授课“新教传教士对亚洲和平的贡献”

（二）演讲主持

2015 年 5 月 17 日　何安娜（英国华威大学教授）、凯特·费舍（英国埃克塞特大学教授），感同身受——近代早期中西文化交流中的感官与感觉（复旦大学中华文明国际研究中心深度工作坊）

2015 年 11 月 9 日　李秀清（华东政法大学教授），想像与冲突：反思十九世纪中国法的西方绎述

2016 年 3 月 21 日　寺园喜基（日本福冈女学院院长、教授），日本基督教大学的战争责任及罪责告白

2019 年 5 月 29 日　Ramon Wyss（瑞典皇家理工学院荣休教授），Travels and life in China 100 years ago-reflections

四、学 术 访 问

2005 年 2—3 月　德国埃尔兰根-纽伦堡大学汉学系交流访问

2008 年 7 月　英国伦敦大学亚非学院(SOAS)资料访问研究

2009 年 6—9 月　香港城市大学中国文化中心访问学人

2012 年 8 月　日本关西大学东西学术研究所访问学者(复旦大学人文基金资助)

2013 年 9 月　台北“中研院”Academia Sinica 近代史研究所访问学者,一次学术讲座

2014 年 1—2 月　法国高等社会科学研究院 EHESS 访问学者,三次学术讲座

图书在版编目(CIP)数据

司佳学术暨纪念文集/复旦大学历史学系主编. —上海：复旦大学出版社，2023.6
ISBN 978-7-309-16719-1

Ⅰ.①司… Ⅱ.①复… Ⅲ.①司佳-纪念文集 Ⅳ.①K825.46-53

中国国家版本馆CIP数据核字(2023)第027098号

司佳学术暨纪念文集
复旦大学历史学系 主编
责任编辑/胡欣轩

复旦大学出版社有限公司出版发行
上海市国权路579号 邮编：200433
网址：fupnet@fudanpress.com http://www.fudanpress.com
门市零售：86-21-65102580 团体订购：86-21-65104505
出版部电话：86-21-65642845
江阴市机关印刷服务有限公司

开本787×1092 1/16 印张12.5 字数220千
2023年6月第1版
2023年6月第1版第1次印刷

ISBN 978-7-309-16719-1/K·810
定价：70.00元
